CARNET

PRISONNIER DE GUERRE

POITIERS. — TYPOGRAPHIE OUDIN ET Cie.

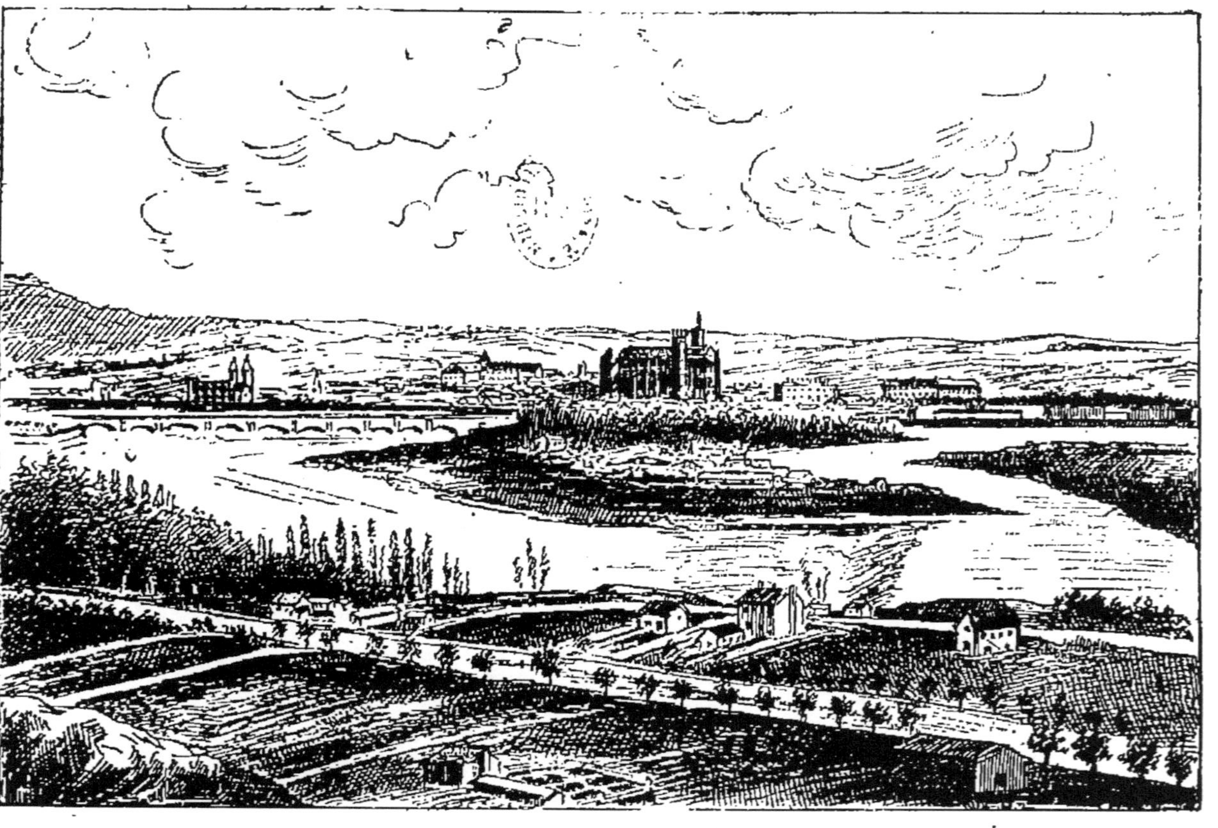

Vue de Metz.

CARNET

D'UN

PRISONNIER DE GUERRE

LES BATAILLES SOUS METZ
LA CAPITULATION
LA CAPTIVITÉ

Simples notes du lieutenant-colonel MEYRET, officier de la Légion d'honneur, originaire de Metz.

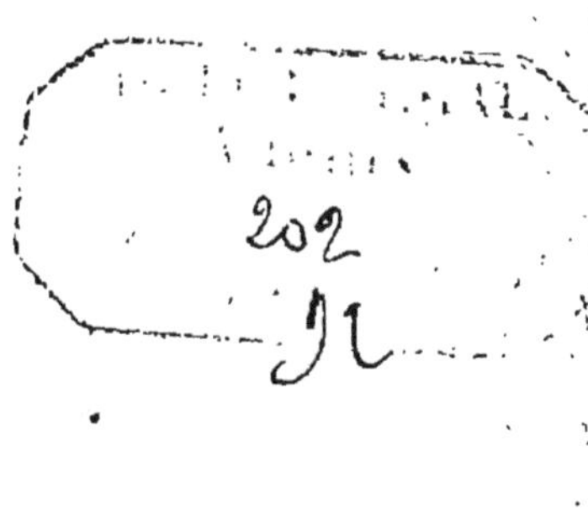

PARIS

LECÉNE, OUDIN ET Cⁱᵉ, ÉDITEURS
17, RUE BONAPARTE, 17

1892

A MES VIEUX VOLTIGEURS DU 1er RÉGIMENT

JE DÉDIE CE LIVRE

Puisse la jeune Armée compter dans ses rangs, au jour des revendications suprêmes, beaucoup d hommes de devoir de cette trempe !

MEYRET,

Officier Supérieur en retraite,
Lieutenant-colonel de l'armée territoriale,
Officier de la Légion d'honneur, originaire de Metz.

CARNET

D'UN

PRISONNIER DE GUERRE

PREMIÈRE PARTIE

Les Batailles sous Metz. — La Capitulation.

En entrant en campagne, j'avais l'habitude
d'emporter des petits carnets sur lesquels j'ins-
crivais, au jour le jour, les événements dont
j'étais témoin, les réflexions qu'ils m'inspiraient,
et enfin tout ce qui peut intéresser le soldat et le
philosophe. La campagne contre l'Allemagne
a eu de telles conséquences et a produit de si
cruels déchirements que les carnets en portent

1*

l'empreinte ; tout est triste et lugubre dans ces sept petits volumes d'une sincérité et d'une vérité saisissantes, comme les croquis pris d'après nature, et il m'arrive souvent de relire ces pages, où je retrouve, avec les tristesses de cette époque néfaste, les haines patriotiques qui en furent la conséquence.

Ces haines semblent s'effacer dans la masse de la population, leur ardeur diminue même parmi ceux qui ont mission de les entretenir, et les provinces qui ont payé de leur liberté la rançon de la Patrie constatent avec amertume cet affaissement des caractères.

Humble soldat de cette infortunée armée de Metz qui a infligé aux Allemands des deuils inoubliables, je considère comme un devoir de rappeler le passé, de raviver les souvenirs de l'année terrible, de montrer enfin à la génération nouvelle les angoisses et les souffrances de sa devancière.

A défaut du talent de l'écrivain, je revendique la sincérité absolue de mes appréciations et la vérité, brutale parfois, des scènes dont j'avais été le témoin oculaire du haut de la motte de terre où m'avait placé la hiérarchie.

Mes critiques ne porteront que sur des faits de guerre ou d'administration militaire tellement flagrants que le simple soldat pouvait les stigmatiser avec sa verve gauloise, et je resterai quand même soldat discipliné et homme de devoir.

Un seul détail me rend perplexe, c'est la nécessité d'employer le *je* qui met en scène un trop petit personnage pour d'aussi graves événements ; c'est peut-être le seul moyen d'éviter à ces notes, écrites *tout à trac*, comme dit Brantôme, les allures prétentieuses d'une relation historique durable, et c'est, à coup sûr, la forme rapide du conteur, la seule qui me soit permise.

Paris, 18 *juillet* 1870. — Un beau petit carnet rouge tout neuf, coût : 6 fr. ; c'est là-dessus que nous allons écrire les « *victoires et con-*

quêtes ». La revue d'hier n'est pas encourageante cependant.... Tout manque , depuis l'effectif de guerre jusqu'au campement ; 82 hommes par compagnie pour un régiment de la garde, c'est peu ; il est vrai que nous devons être rejoints à Nancy par nos réserves. *On se débrouillera*, nous a dit le général. C'est dans ces conditions que nous sommes allés en Crimée, en Italie, partout et toujours ; et cette fois nous avons devant nous les vainqueurs de Sadowa... Victoire gigantesque à côté de Solférino, qui n'était que broutilles.

Voici donc le carnet, la lunette, le revolver, la petite fiole à chartreuse, la charpie et les bandes, une montre de 28 fr., solide comme un chaudron, des crayons, un couteau, et surtout un cœur content dans un corps de fer; avec cela, on irait dans la lune...

Nous ne partons que demain soir, à neuf heures, à la gare de Strasbourg ; allons voir encore ce cher boulevard. Qui sait ! nous ne le reverrons plus, peut-être, et les amis; comme

Grenadier de la garde.

tout cela s'éloigne déjà de la pensée et du cœur !... Il me semble que je grandis à mes propres yeux en prenant ma part de responsabilité, à l'ombre du drapeau de la France, dans cette lutte formidable.

19 juillet 1870. — Mauvaise impression ; du haut du café du Grand-Balcon, j'ai vu défiler des bandes de voyous, des *blouses blanches* embrigadées et conduites au doigt et à l'œil par des redingotes ; des cris : *A Berlin ! A bas Guillaume !* Mais la masse muette, anxieuse même, qu'est-ce que cela veut dire ?

Je trouve un banquier de mes amis qui me dit : « Toute l'Allemagne se lève contre nous ; elle est prête et résolue », m'écrit-on de Francfort. Sommes-nous prêts ? Qu'en pensez-vous ? — Prêts ! nous devons l'être, puisque le ministre l'a dit... Quant au résultat, nous les battrons, mais ce sera dur, car ces gens ont roulé l'Autriche en un tour de main, et ils sont bien commandés. Il a paru inquiet tout de même,

et moi je suis mécontent de ce faux enthousiasme, de ces cris de commande qui me pour-

Du haut du café du Grand-Balcon, j'avais vu des blouses blanches.

suivent jusqu'à cette rue Chevert, où l'on se
croirait à Quimper-Corentin.

Prêts ! nous ne le sommes pas ; on a discuté
la question d'une visière à coudre au bonnet
de police si peu pratique ; nos voitures à ba-

gages seront démolies dans huit jours, c'est de la camelote ; notre artillerie est inférieure en nombre et en portée ; la chose est jugée depuis ces expériences comparatives du camp de Satory devenues le secret de Polichinelle ; et cette réserve ? nous n'avons pas 300,000 hommes à mettre en ligne...

Grosse partie que joue l'Empire, sans s'y être préparé ; et cela, pour une rancune de l'impératrice contre le roi de Prusse et son fils, qui sont venus en garçons, sans leurs femmes... Le fait est qu'ils ont tous pris les Tuileries pour le Casino-Cadet, les empereurs comme les rois ; nous avons ressenti plus ou moins ce sans-gêne insultant pour notre pays et notre souverain.

*
* *

Voilà trois heures du matin. Aujourd'hui, grosse journée de préparatifs, puis le départ ; faisons provision de forces physiques et de philosophie, car je prévois de rudes épreuves, sans les redouter ; *emballons* le carnet ; au revoir, cher Paris! La vie y était douce et intelligente, trop douce peut-être; cette guerre arrive à point pour rompre avec les délices de Capoue; le soldat sera superbe, mais combien de généraux se voient avec tristesse tirés de leur fromage! Ici, dans la garde surtout, ils se reposaient sur leurs lauriers, sans s'occuper des progrès réalisés à l'étranger, sans se montrer à leurs troupes; cette retraite anticipée dans une ville merveilleuse, avec des revenus princiers, est troublée par ce coup de foudre éclatant dans un ciel sans nuages...

21 *juillet* 1870. — Camp de Tomblaine-sous-Nancy. Partis de la caserne des Invalides à huit heures du soir, hier, 20, traversé Paris musique en tête avec les *impedimenta*; partie de drogue de huit heures trois quarts à minuit vingt minutes, à la gare de l'Est, l'arme au pied. Ordres, contre-ordres, désordre. Toute la nuit et la journée en wagon pour faire quatre-vingts lieues. En Champagne et en Lorraine, les pay-

sans aux gares avec des tonneaux de vin. Mauvaise affaire ! A l'arrivée à Nancy, pas d'ordres, pas de vivres, une revue de deux heures du brigadier qui *épate* la population ; enfin, on nous fait traverser Nancy ; la musique joue le *Rhin allemand*, de Musset et Niédermeyer, et nous voilà sous la tente, dans une prairie immense ; les vivres manquent, on autorise les soldats à aller en chercher en ville ; ils grognent, et les officiers se regardent sans oser formuler leurs tristes réflexions...

Mauvais début.

22 *juillet*. — Nous voilà ici pour quelques jours, dit-on ; on complète ses provisions de popote, on graisse ses bottes, on visite les armes, les munitions ; il y a en tout des tâtonnements, comme si les loisirs de la paix n'étaient pas suffisants pour se préparer à la guerre... Les généraux, les états-majors paradent dans la vieille ville ducale ; on perd son temps, au lieu de diriger, par brigades ou par

divisions, cette armée sur les points stratégiques qu'elle doit occuper... Après tout, sait-on seulement ce que l'on veut? j'en doute.. *On se débrouillera.*

24 *juillet.* — Enfin, nous partons demain pour Metz ; toute la garde en marche sur les deux rives de la Moselle, par une chaleur de 27°, les grenadiers en bonnet à poil, et les voltigeurs en shako ; pas pratiques, ces coiffures, pas plus que ces bidons, ces quarts, ces gamelles, moulins à café, etc., qui s'entre-choquent et font un train d'enfer. En tous cas, l'inaction commençait à peser à tout le monde, la gaieté est revenue, et j'entends les voltigeurs du capitaine Dumont-Réveil qui chantent en chœur :

Dumont-Réveil
Réveille, Réveille,
Dumont-Réveille
Réveille-moi ça !

Quelles belles troupes que ces régiments de

Maître Dufresne, notaire.

la garde ! une erreur, parce qu'ils représentent le dessus du panier de toute l'armée, la répartition en compagnies d'élite dans tous les régiments était préférable. Sur mes 82 hommes, il y a encore 78 médailles de Crimée, d'Italie ou du Mexique, 7 médailles militaires , de vrais soldats, solides, aguerris, disciplinés, des compagnons d'armes dans toute la fraternelle acception du terme; quel bonheur de commander et de tenir dans sa main de pareils hommes !...

25 juillet. — Pont-à-Mousson. Me voilà dans mon pays ; demain, je verrai au loin la haute flèche de la cathédrale de Metz. — On sent que la population est patriote et aime le soldat ; la soupe est prête, le vin à discrétion, à telle enseigne qu'il faut mettre une sourdine à cette générosité, car les insolations sont déjà nombreuses et le soleil n'est pas le seul coupable.

26. — Départ pour Metz, arrêt à Ars-sur-Moselle, où je trouve mon vieil ami Dufresne,

parfait notaire, traînant un bourriquet chargé de deux tonnelets, de la bière et du vin, pour mes soldats, qui remplissent leurs gourdes et serrent tous la main du bon tabellion ahuri : pauvre garçon devenu fou depuis l'annexion à la Prusse !

26 *juillet*. — Metz, ban Saint-Martin. Me voilà chez moi ; toute la ville debout ; cent mille hommes concentrés dans ses murs ou à proximité des forts inachevés. Quel coup de collier on pourrait donner avec cette armée superbe d'aspect ! Il reste à savoir comment elle sera conduite ; je connais presque tous les généraux, *débrouillards*, mais... Allons, mon capitaine, ne disons pas de mal de nos chefs.

Et l'empereur, quand vient-il ? On ne lèvera pas le rideau sans lui. Cette ville de Metz doit lui déplaire, car, à la suite du voyage de Bordeaux, lors de son tour de France, il a été accueilli ici par le cri de : Vive la République poussé par le Conseil municipal, qu'il

Porte de Metz.

congédia, du reste, par ces mots : « Je ne suis point venu ici pour recevoir des avis. »

29 *juillet*. — Toujours à attendre, qui ? quoi? On fait des promenades militaires au mont Saint-Quentin ; la ligne travaille aux forts de Saint-Julien, de Plappeville, de Quenleu ; la cavalerie revoit ses harnachements, les ferrures des chevaux ; l'artillerie échange ses colliers trop étroits, et nous faisons confectionner des képis pour remplacer les bonnets de police absolument ridicules. J'ai pu aller voir la vieille tante et la maison paternelle ; Dumont-Réveil est venu avec moi, ainsi que ce bon Maudhui (mort récemment) ; en se retirant, ils disent gaiement à la brave femme : Au revoir, notre tante !

Enfin, le 1er août, voilà l'empereur ; cela va se corser ; l'ennemi est signalé à Wissembourg, mais ce ne sont que des avant-gardes ; nous avons un corps d'armée à Boulay, on va entrer par Sarrebruck ; l'empereur est malade, il ne sort pas de la préfecture, où il reste, dit-on, muet, rêveur, *éteint;* nous sommes loin de Magenta...

Sarrebruck ! Le premier coup de fusil a été tiré ; il y a des morts et des blessés ; *la camuse a déployé son étendard funèbre ; la fiancée va venir,* comme dit de Molènes...

On vient de former le cercle pour annoncer aux soldats le commencement des hostilités, un succès, paraît-il ; le prince impérial ramassait des balles prussiennes... A cette nouvelle, un vieux sergent s'est mis à pleurer bruyamment, ce qui a fait rire tout le monde, même le capitaine. (Hélas ! ce pauvre Lenoir devait tomber bientôt, broyé par un obus.)

4 août 1870. — Nous partons demain pour Boulay, la ville est pleine de troupes, les cafés regorgent ; ce n'est pas ainsi que l'on se prépare aux fatigues de la guerre ; Metz devrait être vide et les régiments consignés dans leurs cantonnements ; on peut constater qu'il n'y a pas une pièce de canon sur les fortifications et que les talus sont dégradés partout. Pas un pont de chevalets jeté sur la Moselle ; il faudra défiler à la queue-leu-leu sur les ponts-levis ; quelles parties de drogue à l'horizon ! Décidément, c'est encore le général *Soldat* qui gagnera les batailles.

5 août. — Nous voici à Volmerange, où j'ai chassé le loup et le sanglier... Qui eût dit qu'un jour j'y serais avec tant de monde pour arrêter une invasion formidable de Germains ? Nous sommes sortis hier par cette *porte des Allemands*, criblée des boulets et des biscaïens de l'armée de Charles-Quint ; du haut de la colline, je me suis retourné pour voir une dernière fois cette ville où je suis né et que je ne reverrai peut-être plus ; la flèche de la cathédrale a disparu peu à peu à l'horizon, mon cœur s'est serré, mais je vis tout à coup, plus près de moi, le drapeau du régiment dans son étui de cuir, et la tristesse s'envola à son

1***

tour, pour faire place à ce sentiment qui nous étreint toujours lorsqu'il s'agit du devoir pour la patrie. L'ordre va être donné de déployer ce vieil étendard troué par les balles, planté

A tout moment des officiers d'état-major passaient à fond de train.

jadis si fièrement sur le mamelon de Solférino ; tout s'effacera à sa vue, la famille elle-même lui cédera le pas, parce que, devant l'ennemi, la seule famille, c'est le régiment.

Quel splendide spectacle que cette armée rassemblée dans ces vallons que couronnent

des vergers, des bouquets de bois ! à perte de
vue des tentes, des masses de chevaux au piquet,
des pièces de canon alignées au cordeau, et
cette rumeur immense qui ressemble à la res-
piration d'un géant endormi. Les gaies sonne-
ries des trompettes de cavalerie dominent les
batteries des tambours ou le grave clairon de
nos fantassins ; les chevaux hennissent, les
hommes sont gais, vifs, pétulants autour des
cuisines de campagne dont on voit les fumées
au loin ; on dirait une revue à Longchamps, à
cette seule différence qu'il y a ici quatre-vingt
mille hommes qui vont se heurter à trois cent
mille, peut-être davantage...

Voilà la grande poésie, celle dont la gloire
est l'enjeu ; toutes les mesquines questions
de la vie normale disparaissent, parce que la
Mort va déployer, elle aussi, sa sombre bannière; on sourit au camarade antipathique,
il semble que tous les mauvais sentiments
nés de la jalousie se sont endormis, pour remplir le cœur d'un seul amour : celui de la

patrie ; d'une seule haine : celle de l'ennemi héréditaire.

6 août. — Nous partons à la hâte ; des officiers d'état-major passent à fond de train ; le camp est levé en un clin d'œil ; on emporte la viande a moitié cuite ; presque toute l'armée passe devant nous sans bruit de tambours ou de clairons ; il y a quelque chose dans l'air, on le sent, car toutes les conversations ont cessé ; le canon va faire entendre sa grande voix. Rompez les faisceaux ! !

. . . .

. . . .

7 août — Courcelles-Chaussy. Marche indécise, arrêts fréquents très fatigants pour la troupe ; on croit avoir entendu le canon au loin ; le silence s'est fait dans les rangs, mais on n'a plus rien perçu, nous revenons sur nos pas... Marche étrange ! Voilà la pluie qui recommence ; quelle nuit dans ces terres labourées, grasses, sans feu, dans l'eau ! et le gros village de Courcelles à 400 mètres, les états-majors s'y prélassent à l'aise, comme si les granges, les greniers, les corridors n'auraient pu abriter bien du monde. Si, au moins, on avait songé au bois ! On dit que des soldats ont brisé des clôtures pour faire du feu. C'est la conséquence de l'imprévoyance, elle engendre fatalement l'indiscipline.

Enfin, des hommes ont dormi dans l'eau et la boue ; bien longue, cette nuit, glacée malgré la canicule ; un peu de soleil fera oublier tout cela, mais les rhumatismes ont dû trouver de nombreux clients. Voilà le mauvais côté de la guerre.

7 août, au soir. — Longeville. Le soleil a tout séché et égayé ; nous voilà de nouveau alertes et dispos ; les physionomies de généraux semblent au contraire rembrunies..... Ah ! le canon, cette fois, c'est bien lui ; on entendrait voler une hirondelle ; l'oreille contre terre, on perçoit les détonations qui se succèdent rapidedement, on se regarde, les soldats se rapprochent de leurs officiers ; un vieux de Crimée en rompt le silence par ces seuls mots : « Qu'est-ce que nous f...... ici ? » qui trouvent un écho dans toutes les âmes... car c'est le mot de la situation.

Longeville, 8 *août* 1870. — Quelle nuit d'anxiété ! on a pris des dispositions de combat bien étranges, décidément... Des cavaliers reviennent harassés ; ils annoncent que des fuyards sont aux portes de Sarreguemines ; nous avons été battus par deux grosses armées, Wissembourg est pris, Strasbourg investi, enfin l'armée de Mac-Mahon est détruite... Tout cela est raconté aux soldats ; nous nous efforçons de détruire la mauvaise impression que produisent ces racontars ; mais avec des vieux soldats comme les nôtres, c'est peine perdue... Ils flairent un insuccès. Enfin, voilà mon bon ami Leperche, aide de camp de Bourbaki ; il chemine lentement ; ses regards disent déjà la mauvaise nouvelle : Est-ce vrai ? « Oui, Mac-Mahon a été écrasé par 150,000 hommes, Frossard détruit ici, tout près, à Stiring ; nous nous rabattons sur Metz pour recueillir les débris de Frossard, mais la route de Nancy est ouverte ; on pouvait sauver Frossard hier en marchant au canon et arrêter net l'armée prussienne menacée sur son flanc droit. »

C'est bien cela, ce vieux Riock avait raison de dire : Qu'est-ce que nous f..... ici ? Marcher au canon est presque toujours le premier des devoirs. Si Desaix n'avait pas marché au canon, Marengo était une défaite ; si Grouchy avait marché au canon à Waterloo, nous étions vainqueurs ; si les zouaves n'avaient pas marché au canon à Palestro, les Piémontais étaient écrasés ; c'est ainsi qu'en Espagne nos généraux se faisaient battre, aucun d'eux ne marchant au canon de son voisin.

Triste entrée en campagne ! nous ne savons jamais ce que nous avons devant nous ; la cavalerie garde les bagages ou ramasse les fourreaux de baïonnettes ; nous avons failli hier tirer sur les cent-gardes, dont l'uniforme est inconnu des neuf dixièmes de l'armée. Quant à l'empereur, invisible..... Ce malade va bien nous embarrasser.

9 *août*. — Mont. Détaché ici avec ma compagnie en grand'garde ; nous sommes revenus sur nos pas ; les paysans sont consternés, car les mauvaises nouvelles *vont vite*, comme les morts de la ballade ; ce vieux Riock a tué un officier d'état-major prussien à 600 mètres ; l'ennemi nous suit pas à pas ; cet officier est sorti imprudemment d'un bois et nous a regardés avec sa lunette ; cela devenait agaçant ; on lui a envoyé, sans résultat, quelques balles : une dernière l'a jeté à bas de son cheval, et des cavaliers sont venus l'emporter. Bravo, Riock ; tirez toujours comme cela.

Nous avons de nouveau traversé Courcelles et nous voilà à cheval sur la route de Mayence attendant l'ennemi pour lui livrer bataille. 10,

à Pange ; 11, à Borny, devant le fort de Quenleu, inachevé.

L'officier allemand tué par Riock.

Qu'est-ce que cela veut dire ? L'ennemi est
de nouveau invisible ; il chemine sans doute
dans les bois et nous tombera sur le dos au mo-

ment psychologique ; ces gens-là me font l'effet de *manœuvrer*. Jusqu'ici, nous avons marché à l'aventure, sans plan, sans but défini. De la guerre d'Afrique, quoi !

13 août. — On a l'air de s'installer ; comment donc ! si cela continue, nous ferons des jardins, comme au camp de Châlons. J'ai été revoir la vieille tante avec Dumont-Réveil ; il a fallu emporter une bouteille de vin de Constance : peste ! la bonne et excellente femme pleurait en disant : « Vous allez voir, ce sera comme en 1815 ; j'ai vu cela ! » Et elle nous a embrassés tous deux, elle ne devait plus revoir mon pauvre Dumont-Réveil, tué, le 18, à Gravelotte.

14 août, 3 h. — On plie les tentes, nous sommes restés les derniers campés, toute l'armée repasse la Moselle ; il n'y a plus que deux corps à Borny ; la bouteille de Constance vient d'être vidée ; en route !... Ça, c'est trop fort ; ca-

nonnade enragée, les obus tombent heureuse-
ment sur la terre labourée et n'éclatent pas ;
d'où diable sortent ces Prussiens de malheur,
ou plutôt que sont devenues nos *reconnaissances*
qui n'ont rien reconnu ?...

Nous voilà aplatis contre le talus de la route
de Strasbourg ; rien à faire qu'à regarder ; le
spectacle en vaut la peine : un pauvre capitaine
d'artillerie vient d'être enlevé par un boulet,
son corps déchiré a été jeté contre un arbre ; les
obus font un bruit d'enfer sans toucher personne, les voltigeurs plaisantent : quels crânes
soldats ! C'est du château de Mercy que nous
arrive cette grêle ; ah ! voilà les mitrailleuses,
joli tapage ! de vrais moulins à café ; la nuit
tombe, très peu de pertes au régiment. L'ennemi a voulu retenir l'armée sur la rive droite de
la Moselle pour surprendre le passage de la Seille,
à Magny, et de la Moselle, à Corny, c'est limpide.

Seulement, cela a dû lui coûter cher ; un adjudant-major envoyé au delà de Borny nous
raconte que les bois, les haies, les chemins tous

bourrés de cadavres allemands. Oui, on avait étrillé l'armée prussienne, mais son but était atteint ; nous allions la trouver à cheval sur la route de Verdun, où le combat de Borny, en retardant notre marche, lui avait permis de nous devancer. Les généraux ennemis manœuvraient quand les nôtres allaient à l'aventure, sur un ordre de l'état-major de l'empereur, toujours éloigné du champ de bataille. A neuf heures, tout bruit s'est éteint, l'armée reprend sa marche à travers la ville consternée, car chacun sait que les forts sont inachevés et sans artillerie ; la vieille enceinte de Vauban n'a pas une pièce en batterie, Metz peut être bombardée avec de l'artillerie de campagne. L'ineptie qui éclate aux yeux de tous emplit notre âme d'une amère tristesse ; le soldat n'est plus causeur, il parle bas ; il faudrait une vraie bataille française en plein soleil, avec des mêlées furieuses, pour détruire la mauvaise impression de cette rencontre inattendue qui ressemble à une surprise.

Il est en droit de se dire : « On ne veille pas à notre sûreté ; qu'est-ce donc que cet ennemi invisible dont nous ne voyons que les obus, dont personne ne prévoit la marche et qui continue sa route sans encombre, après nous avoir heurtés en passant ? »

15 août. — Campés dans les prés au bord de la Moselle, entre Longeville-les-Metz et Moulins ; la nuit a été très fatigante, les arrêts fréquents brisent les jambes du soldat ; il y a à Metz un matériel de pont considérable qui aurait permis depuis quinze jours d'établir 7 ou 8 passages sur la Moselle, mais un vent de stupidité souffle sur la tête de colonne ; l'empereur est ramolli, il semble que tout bon courtisan doit rester dans la gamme éteinte... Je ne crois plus à la victoire, il ne s'agit plus que de mourir proprement ; triste fête de l'empereur.

Neuf heures. — Le canon tonne cependant du haut du Saint-Quentin pour célébrer cet anniversaire. Allons, bon ! on prend les armes, serait-ce une revue ou bien une bataille ? et les voitures d'ambulance qui se dirigent vers la Moselle.....

Onze heures. — Malédiction ! un parti d'Allemands s'est avancé sur la route de Frascati avec deux pièces, a envoyé des boulets sur la maison même dans laquelle se trouve l'empereur à Longeville, a tué trois officiers et quelques hommes ; c'est sur ces hardis ennemis que tirait le Saint-Quentin ; décidément, les rôles sont intervertis : les Allemands sont téméraires, et nous autres..... Ah ! je n'ose écrire le mot, mais je sens sur ma joue l'outrage infligé à l'armée. — Jamais opérations militaires n'ont été plus stupidement conduites.

L'empereur s'en va ; cette façon de lui souhaiter sa fête a gâté *sa rêverie ;* sa présence ici n'est qu'un embarras.

Voilà toute sa maison : cent-gardes, équipages, cuisiniers, valets, etc., etc., il y a bien 400 personnes ; toute l'armée assiste à ce défilé, l'œil morne, sans un cri : on dirait que la dynastie prend le chemin de l'exil......

15 août, six heures du soir. — Nous sommes campés à la lisière des bois, au-dessus de Rozerieulles, près de la côte des Geniveaux. Les officiers s'entretiennent à voix basse de cette fuite de l'empereur, du mauvais effet qu'elle a produit sur l'armée ; mais on se réjouit d'être allégé de ces gros *impedimenta*, qui suppriment toute initiative. Bazaine prend le commandement de toute l'armée de Metz. Général d'Afrique dans toute l'acception du terme, d'une bravoure chevaleresque, mais pas manœuvrier ; nous l'avons vu à l'œuvre en Italie. Très ambitieux, peut être comparé à ces aventuriers du moyen âge qui ne doutaient de rien et se taillaient un royaume dans une aventure ; il a manqué son coup au Mexique, disent ses amis ; un bon général ferait mieux notre affaire pour combattre ces Allemands plus forts que nous.

Chose bizarre, nous avons les bois à 200 mètres, et personne ne s'est assuré qu'ils sont vides ; franchement, nous étions moins bêtes en Italie, — ce que c'est que de vieillir ! — Allons ! mangeons et dormons double, il y a du sommeil en retard ; mon *divisionnaire* est déjà dans sa couverture et ronfle comme une toupie de Nuremberg : aussi fait-on le vide autour de ce brave Dumont-Réveil, réveille-moi ça. Mes officiers étaient jeunes, tous deux, bons diables, pleins de zèle, mais myopes à ne pas distinguer à quatre pas un Français d'un Prussien ; j'étais obligé de les surveiller en quelque sorte, cette infirmité pouvant leur faire commettre des bévues ; l'un d'eux, le sous-lieutenant, avait vu le feu au Mexique ; le lieutenant débutait et avouait de bonne grâce ses premières politesses aux obus de Borny. Que ceux qui ont passé par là rappellent leurs souvenirs, il s'en trouvera bien peu pour lui jeter la première pierre ; c'est instinctif, comme un léger tremblement pour les hommes nerveux, qui peuvent s'en consoler en pensant à Turenne affligé de cette défaillance de la nature ; voyant sa main trembler aux premiers coups de canon de Turkhein, il dit entre ses dents : « Carcasse ! Tu tremblerais bien davantage si tu savais où je vais te mener. » Cette nuit du 15 août est signalée sur le carnet par ces seuls mots : Bonsoir, les amis et les ennemis ! En guerre, si manger est d'argent, dormir est d'or. Aussi étais-je impitoyable pour les braillards qui troublaient le sommeil de leurs camarades ; dormez cinq minutes s'il le faut, mais ne restez pas debout dans les haltes qui parfois se prolongent pendant des heures entières, faites provision de forces : peut-être resterez-vous pendant quarante-huit heures sans sommeil.

16 août. — Douze heures à dormir les poings fermés, toute la compagnie est lestée dans ces prix, malgré le mouvement incessant des

2*

hommes, des chevaux, et les romances folles des mulets; on s'apprête pour le départ dans la

Le lieutenant faisait ses politesses aux premiers obus

direction de Verdun ; tous mes braves sont bien reposés, et l'un d'eux me demande gaiement : « Est-ce pour aujourd'hui le grand tralala, mon capitaine ? — Peut-être.... par le flanc droit, arrrche ! »

16 août, dix heures du matin. — Assis sur le revers du fossé qui borde la route de Gravelotte, d'une pente très roide. Au sommet, la maison du poste, où demeurait mon vieil ami Dòuant. Je reconnais les prés, les bois, tous les sentiers de cette contrée giboyeuse, où chaque année j'allais chasser avec mon père dans ma jeunesse, où plus tard j'ouvrais la chasse à grand orchestre avec tous les officiers nés dans le canton, mes anciens camarades du lycée de Metz. Aujourd'hui, des troupes à perte de vue, les bagages, le trésor, les ambulances encombrent la grande route, pendant que nous cheminons dans les terres labourées ; les sauterelles font un train extraordinaire ; le soleil est brûlant, le ciel léger, l'air d'une pureté rare. Qu'il serait bon de se promener à deux, sous ces arbres, le long de la voie romaine !...

16 *août.* — Gravelotte. — Maison de poste, arrêt des équipages, la gendarmerie les fait rétrograder ; on serre les rangs, le silence le plus complet règne sur toute la ligne de bataille qui s'est formée à la hâte. Voilà dix heures et demie ; c'est tard pour engager une bataille, à moins que nous ne trouvions les Prussiens sur la route... Parbleu ! voilà la danse qui commence ; en effet, une canonnade enragée éclate à Vionville, et peu après nous voyons arriver un maréchal de logis d'artillerie, blessé à la tête, qui demande où est le maréchal Bazaine ; on l'interroge, il dit à notre colonel : « Nous sommes tombés sur un corps prussien non signalé, deux pièces sont prises, les cavaleries se sont empoignées, mais il y a beaucoup d'infanterie, nous ne pouvons tenir ; on m'a renvoyé à cause de ma blessure, ce ne sera rien, le coup de sabre a coupé ma casquette en entamant légèrement la *doublure.* » Nous sommes massés près du cimetière de Gravelotte ; à l'horizon, le clocher de Rezon-

Un artilleur vint demander où était Bazaine.

ville, et derrière lui le canon qui fait rage et des
tourbillons de poussière sur la route ; à gauche, vers Gorze, des lignes noires de troupes
prussiennes, et, à droite, nos lignes d'infanterie
qui s'avancent rapidement ; la cavalerie, en
grandes masses, s'ébranle à son tour et se tient
à l'abri entre deux grands bois au nord de
Rezonville ; décidément c'est une bataille, il y
aura ce soir beaucoup de casquettes vides, de
corps sans âme et de chevaux sans cavaliers ;
très peu de soldats de la garde éprouvent des
besoins urgents ; il n'en est pas de même dans
les autres corps ; cette impression produite
sur les intestins par les premiers coups de
canon fait rire les vieux soldats et sourire
les officiers ; après tout, il faut prendre ses
précautions avant la danse, par respect pour
les vis-à-vis...

Onze heures. — Voilà les *mouches* (les balles)
qui commencent à chanter ; il y a des rico-
chets, on les reconnaît à la note plaintive ; la

vraie balle de plein fouet a une allure plus crâne. Carnet, mon ami, je te mets sous cloche, cela va chauffer. Vive Dieu ! adieu à tous !

17 *août*. — Rezonville. — Enfin nous avons couché sur ce champ de bataille arrosé de tant de sang ; pourquoi ne partons-nous pas tout de suite ? Cette indécision est écœurante... Enterrer les morts, on n'en a pas le temps : les paysans s'en chargeront, s'ils ne veulent pas avoir la peste par cette chaleur. Belle bataille, ma foi, fertile en incidents, pertes minimes : 27 hommes, ce pauvre sergent Lenoir, ce brave Riock qui, pour sa part, a bien abattu 20 Allemands ; je l'aurais fait décorer, car il était médaillé de Sébastopol... Enfin, nous partons ; sac au dos !

17 *août*, 2 *h*. — Revers du Saint-Quentin sous la tente : de qui se moque-t-on ? La plaisanterie est sinistre, personne ne l'accepte. Comment ! nous bousculons l'armée prussienne,

nous couchons sur le champ de bataille, et cela pour marcher... en arrière comme des fuyards ; maîtres de cette route de Verdun, nous revenons sous Metz pour *remplacer nos munitions...* L'impression générale est désastreuse ; je me cache sous ma tente pour éviter les questions et jusqu'aux regards anxieux de mes soldats. Reprenons la bataille de Rezonville, car c'est le nom qu'elle portera dans l'histoire. A 11 heures, nous traversons la route de Gravelotte, ou plutôt de Metz à Verdun, et nous nous déployons dans les terres labourées, notre droite appuyée à des bois ; les officiers, les sous-officiers sont à leur place, les soldats, l'arme au pied ; les grenadiers se dirigent sur le village de Rezonville et leur apparition est saluée par un feu épouvantable de l'artillerie prussienne, qui a pris position sur les hauteurs de Flavigny. Je remarque que les Prussiens engagent toujours la bataille avec une énergie extraordinaire, ils massent leur artillerie et font un feu à volonté enragé, presque sans viser, pour l'effet moral sans doute... Cette tactique ne manque pas d'adresse, car la première impression est parfois décisive sur le soldat ; si son courage est ébranlé dès le début, un léger effort suffit pour achever sa déroute. Chez nous, au contraire, on tire un coup de canon, puis un second ; on semble s'excuser de faire tant de bruit ; l'ennemi s'habitue peu à peu, il s'aguerrit et se trouve familiarisé avec le canon et les projectiles, quand chez nous le soldat est terrifié par cette pluie de fonte tombant sans préambule.

A midi, nous voyons passer en très bon ordre et à une allure superbe le corps d'armée du maréchal Lebœuf ; les drapeaux sont déployés ; le petit fantassin tend le jarret, donne un coup d'épaule au sac lourdement chargé, appuie sur la crosse... Braves gens ! *Reine des batailles !* C'est là qu'il faut te voir, petit pousse-cailloux d'un sou qui te bats sans poser et meurs sans phrases ; partout je t'ai connu aussi grand dans ta simplicité, aussi sublime dans ton dévouement ; modeste et fier à la fois , autant il semble gauche , mal tourné , mal fagoté en garnison, autant il prend des allures héroïques qui le transfigurent.

Combien les heures sont rapides lorsque chaque minute, chaque seconde apporte son émotion ! Les premiers blessés arrivent, il y en a d'atrocement déchirés ; ces blessures d'obus sont affreuses ; la balle fait plus proprement sa besogne. Je retrouvais à chaque pas ce regard doux du blessé qui va mourir. Celui-là est abattu, il ne peut plus combattre, mais son âme est encore debout, et il semble fier de son sang qui coule pour la patrie. Je verrai longtemps ces braves troupes marchant au feu ; elles arrivèrent dans la zone dangereuse, se déployèrent comme sur un champ de manœuvres ; les tirailleurs couraient comme des rats, et de petits flocons blancs indiquaient le commencement du feu, car le fracas de l'artillerie dominait tout. L'ennemi ne gagnait pas de terrain, car ses obus arrivaient à peine jusqu'à nous, comme au commencement de l'action. Tout à coup, le silence se fit sur cet immense champ de bataille ; des clameurs étranges traversaient l'atmosphère et une sourde trépidation agitait les peaux des tambours : que se passait-il ? Notre colonel, se portant en avant, envoya un adjudant-major pour nous prescrire d'avancer, baïonnette au canon ; à ce commandement, chacun se dit : Voilà des charges de cavalerie ! Nous vîmes alors devant nous, à mille mètres, une effroyable mêlée de cavaliers. On percevait les commandements de : Chargez ! et l'ouragan se déchaînait à travers la plaine, pendant que des chevaux affolés, sans cavaliers, venaient se jeter dans nos rangs où ils se laissaient prendre sans résistance. Il y en avait dont la robe était teinte de sang, d'autres s'arrêtaient, indécis, et, faisant volte-face, repartaient à fond de train du côté de la fournaise ; pendant vingt minutes, cette *chevauchée de la mort*, comme on l'appelle en

Allemagne, ensanglanta la terre dans cet immense champ-clos entouré de bois de chênes ;

Frappé au cœur pour la patrie.

puis nous vîmes arriver des prisonniers allemands : dragons, uhlans, hussards, cuirassiers de Hanovre, etc. ; les uns, blessés grièvement, étaient sur des cacolets, les autres, froissés seulement par des chutes, se traînaient en s'appuyant sur l'épaule de nos cavaliers ; tout cela allait à l'ambulance de Gravelotte, qui avait arboré son pavillon blanc à la croix de Genève

17 août (suite). — Après cet intermède, la bataille reprit avec acharnement ; je connaissais ce pays dans tous ses détails, et en voyant toutes nos forces se porter sur la droite, je crus devoir prévenir mon colonel que trois vallées conduisant à la Moselle permettaient à l'ennemi de nous prendre en flanc et à revers ; il donna l'avis à l'état-major, et une brigade fut placée à l'issue de ces vallées, au point où elles débouchent sur le plateau ; le soir, l'événement me donna raison, et mon colonel m'en sut gré. Enfin, à trois heures, nous marchons en avant, et nous entrons à notre tour dans la *zone dangereuse* ; les grenadiers étaient harassés, des morts en grand nombre jonchaient le sol ; l'un d'eux, cramponné à une charrue, y était resté debout, les yeux vitreux grands ouverts du côté de l'ennemi, sa main serrant encore son fusil. Quel beau modèle pour un sculpteur, avec cette légende : « Frappé au cœur pour la patrie ! » Les balles en plein cœur produisent presque toujours cet effet ; je me rappelle cet officier hongrois, debout contre un arbre, à Magenta, le sabre ensanglanté à la main, sa manche retroussée et ayant conservé dans la mort l'attitude d'un héros ; il avait tué cinq zouaves ; un officier l'avait foudroyé d'un coup de pistolet. Comme toujours, on nous installe à proximité d'une batterie de la garde qui, bien entendu, attire la foudre ; de sorte que les obus qui manquent l'artillerie nous tuent du monde sans profit pour personne. Au point de vue de l'art, il était intéressant de constater la justesse du tir de l'ennemi ; ses boulets étaient posés comme avec la main : aussi nos pièces changeaient-elles en vain de position ; le tir des adversaires était réglé au troisième coup. Un seul de ces obus de malheur m'enleva onze hommes, dont le sergent Lenoir, à qui un éclat broya les deux jambes, et ce pauvre Riock, qui cria un instant : « Tas de brigands ! j'en tiens ! » et tomba comme une masse.

En somme, nous recevions des projectiles sans en rendre ; les généraux, placés sur un tertre, jugeaient des coups sans donner d'ordres, et c'est en vain que notre colonel se portait vers eux comme un point d'interrogation. A la fin, il perdit patience, et d'une voix retentissante, il cria : « La 1ʳᵉ compagnie de chaque bataillon, en tirailleurs... » Cela fut exécuté en un clin d'œil, comme à l'exercice, et toute la ligne s'ébranla. Bientôt nous fûmes tous sur notre ligne de tirailleurs, et l'artillerie allemande, à son tour, fit un mouvement en arrière, en laissant sur son front quelques pièces dont tous les chevaux avaient été abattus par nos balles. Cinq ou six tirailleurs prussiens, embusqués dans un pli de terrain, nous envoyaient des balles qui, détail bizarre, frappaient sur les bidons et les gamelles sans tuer personne ; d'un seul feu de salve on abattit ces cinq flâneurs qui nous agaçaient comme des mouches. Notre artillerie se porta en avant au galop pour se trouver à bonne portée, et nous pûmes constater quelques coups heureux en pleins paquets ; nous avancions toujours en laissant à notre droite Rezonville, vivement canonné par l'ennemi, malgré le pavillon des ambulances arboré sur l'église ; mais la nuit tombait rapidement, et c'est ce moment que choisit l'ennemi pour faire son attaque de flanc, par la vallée de Manse ; c'est le 3e voltigeurs qui le reçut de la bonne manière en le refoulant dans les bois.

Au moment où le feu avait cessé, une sourde rumeur se fit entendre sur notre front ; le général cria au colonel : « Poussez jusqu'à la crête. » Notre chef répondit : « Oui, mon général », et n'en fit rien, tout en y allant de sa personne ; d'un coup d'œil, il vit que nous al-

lions être chargés par la cavalerie, et il cria :
« Attention ! feu de compagnie à mon commandement. » Nous ne pouvions découvrir cette cavalerie, le colonel nous ayant arrêtés net à 150 mètres en arrière de cette crête que voulait nous faire franchir le général ; l'ennemi, de son côté, ne pouvait nous apercevoir et, la nuit aidant, il comptait balayer le terrain jusqu'à Rezonville ; grâce au sang-froid de notre brave colonel Dumont (était récemment général en chef à Bordeaux), nous pûmes assister à un massacre inoubliable ; nos vieux soldats, bien alignés, attendaient sans broncher, lorsque l'ouragan s'abattit sur nous, aux cris de *Fife l'Impéreur !* poussés par ces hussards rouges qui croyaient nous tromper et nous surprendre. La crête se couvrit soudain d'une forêt de sabres au clair et, au commandement vibrant du colonel, chaque première compagnie de chaque bataillon fit feu sur cette masse de cavaliers à 120 mètres, les compagnies suivantes tirant chacune après avoir entendu le feu de sa

Deux batteries d'artillerie se portent en avant.

voisine ; ce fut une véritable pluie de plomb qui s'abattit sur l'ennemi en l'écrasant ; des chevaux vinrent rouler jusque sur nos baïonnettes, et un silence de mort succéda à cette effroyable fusillade.

— Allons sur la crête ! tel fut le seul commandement du colonel, et nous eûmes la joie de voir les débris de ces régiments prussiens disparaître dans l'obscurité, pendant que, dans un monceau de cadavres et de blessés, les plaintes des hommes et les hennissements des chevaux donnaient la mesure du désastre infligé à l'ennemi sans perdre un seul soldat.

La bataille était terminée. Bientôt les voitures d'ambulances et les musiciens des régiments commencèrent à faire leur sinistre récolte ; on laissait les morts pour emporter seulement les blessés, et nous apercevions au loin, vers Flavigny et sur la route de Gorze, les voitures de l'ennemi qui imitaient notre exemple ; semblables à des lucioles, si nombreuses à cette époque de l'année, on voyait les lanternes se

2***

mouvoir lentement, avec précautions, forcées de s'arrêter à chaque pas, et le silence n'était plus troublé que par quelques cris qui n'avaient rien d'humain ; la nuit cachait toutes ces horreurs de la guerre, de cette guerre entreprise pour un caprice de souveraine.

Le général parut alors, nous fit reculer de cent mètres vers Rezonville et ordonna de *faire le café ;* il était temps, depuis neuf heures du matin, rien dans le ventre ; il était dix heures du soir.....

On fit l'appel, cet appel sinistre qui est le corollaire de tout engagement ; le silence est solennel ; les officiers au centre ont leur carnet de section et donnent les renseignements qu'ils ont pu recueillir, les sous-officiers les complètent, et l'on arrive à établir, le soir même, le bilan de la compagnie. Ce soir-là, vingt-sept hommes ne répondirent pas à l'appel, et l'on était indécis sur l'état de quelques-uns d'entre eux ; je tenais surtout à savoir si mon vieux sergent Lenoir était mort. Après avoir pris une gamelle de café avec du biscuit grillé, je visitai les ambulances de Rezonville, où les médecins militaires avaient fort à faire.

17 *août* (*suite*). — Si les souverains, qui peuvent, à leur gré, ouvrir ou fermer les portes du temple de Janus, visitaient une seule fois les ambulances un jour de bataille, le temple serait à jamais fermé. J'en ai vu beaucoup, de ces misères, mais jamais sans une émotion poignante. Partout et toujours, c'est *la mère* qui est appelée par les moribonds broyés par les obus ou transpercés par des balles. Telle salle d'auberge, emplie de cris et de gémissements, devient lugubre quand, sur l'ordre des médecins, on y a entassé les plus gravement atteints. La mort fait sa moisson ; les cris s'éteignent peu à peu, et si, en Italie, on entendait ces mots : *mia madre* ou *meine Mutter*, j'ai entendu à Rezonville : *maman*, le mot de l'enfant à sa mère, prononcé par un chef d'escadron de lanciers, dont le crâne fendu d'un coup

de sabre laissait échapper la cervelle. Il semble que si le père est présent à la pensée dans les instants solennels de l'existence, c'est la douce image de la mère qui frappe le regard suprême.

C'est en vain que j'ai cherché mon pauvre Lenoir. De retour au feu de bivouac, je voulus en avoir le cœur net, et je partis avec un sergent et quatre soldats pour trouver au moins son cadavre. Une lanterne éclairait nos pas ; il fallait s'orienter, suivre à nouveau le chemin parcouru et tomber sur ce sillon sanglant dans lequel un seul obus avait couché onze hommes... Ici se place un des épisodes les plus émouvants de ma vie militaire. Un cri étrange, qu'il me semble entendre encore, nous cloua sur place ; mon nom était prononcé : Monsieur Meyrel ! La voix semblait venir de loin, mais le malheureux était à deux pas, levant les bras vers nous. « Lenoir ! m'écriai-je, me voici, rassurez-vous. » Et, à la lueur de la lanterne, nous vîmes ce brave en manches de chemise, grelottant, étendu sur le dos, tout le bas du corps

enveloppé dans sa tunique trempée de sang ; les
deux jambes étaient presque détachées du
tronc, et l'on se demandait avec horreur com-

Mort du sergent Lenoir

ment cet homme pouvait vivre encore. Je serrai sa main glacée, mais il me dit tout bas :
« Prenez garde, je suis plein de sang ;..... bien
heureux de vous voir ; tenez, voici ma médaille de Crimée, celle d'Italie, puis 17 fr. ; vous
les donnerez à ma sœur, qui demeure rue Clerc,
à Paris... Je vais mourir. » Je pris ces objets

en promettant de remplir ce pieux devoir, et, pressant ma petite fiole de chartreuse sur les lèvres du moribond : « Merci, dit-il dans un souffle, merci ! » Et ce fut tout : le vieux soldat avait cessé de souffrir. Deux voltigeurs allèrent chercher une civière, et deux heures après, à la lueur de la lanterne, la fosse, creusée dans le cimetière même de Rezonville, reçut la dépouille de ce brave.

17 *août* (*suite*). — Nous voilà installés sous la tente, nos bagages sont arrivés ; les nuits froides sur ces hauts plateaux ont une transparence étonnante ; je dors debout, et cependant cette journée et cette nuit de Rezonville m'ont laissé tout vibrant ; dormir, il le faut, je le veux ; qui sait si demain la tragédie ne recommencera pas !

18 *août*. — Peu de sommeil, Dumont-Réveil m'en offre autant, nous faisons *popote* ensemble avec nos officiers, les visages reflè-

tent les angoisses qui nous oppressent ; il y a dans cette retraite inexplicable un fond obscur qui a détruit toute confiance dans notre chef ; on se rappelle les détails de l'aventure mexicaine, mon sous-lieutenant en ajoute d'inédits, et c'est du bout des lèvres que nous mangeons à la hâte, comme si chacun de nous éprouvait le besoin d'être seul avec ses pensées.

Dix heures. — Soleil splendide. Au loin, les feux de bivouac de toute l'armée établie de Moulins-les-Metz et Jussy à Saint-Privat, sur la route de Saulny ; nos positions sont excellentes, mais des masses énormes d'ennemis traversent la Moselle ; nous aurons à combattre l'armée du roi et celle de Steinmetz, bien près de 300,000 hommes, et nous en avons 120,000 en ligne, avec une artillerie inférieure en qualité et en quantité ; il est vrai que notre fusil est supérieur, mais nos généraux n'ont aucune initiative ; à tout ils répondent : « J'attends des ordres », qui n'arrivent qu'incomplets pour la plupart ; c'est comme en Crimée, comme en Italie.... On ne sait pas ce que l'on veut, on n'a pas de *point objectif !* « on se débrouillera ». Voilà la vraie stratégie des ignorants ou des vaniteux. — Ordre de départ ! ! Le camp reste intact, 50 hommes préposés à sa garde... Grégoire va rester et dormir sous la tente ; chançard ! Une reconnaissance sans doute.

Onze heures. — Ce que nous appelons une reconnaissance est tout simplement une grande bataille ; nous faisons halte dans le village de Châtel-Saint-Germain, devant la maison de mon ami Humbert ; des officiers d'état-major galopent affolés ; toute la garde est restée au Saint-Quentin. Cependant notre brigade seule est déplacée... Bon ! voilà la danse qui commence ; les paysans se sauvent ; l'un d'eux nous dit que, de Gorze à Conflans, tout le pays est noir de Prussiens. En effet, les deux armées nous attaquaient avec 270,000 hommes et 800 pièces de canon

Canonnade épouvantable... Allons-y gaiement ! Trois batailles en cinq jours.

Deux heures. — Un instant d'accalmie. Dumont-Réveil vient d'être tué ; les fermes de Moscou, Leipsik, le Point-du-Jour sont en flammes, l'ennemi est repoussé, un grand coquin d'arbre desséché qui ressemble à une potence a bien reçu vingt obus, il a la vie dure. Voilà la ferme de Saint-Hubert qui s'allume. On avait eu raison de creuser quelques tranchées-abris : sans elles nous serions détruits depuis longtemps ; panique sur la droite prussienne, des fuyards sur la Moselle.

Allons ! voilà encore une poussée en avant. Quel défilé de blessés !... Mon vieil ami Bourson, en travers de son cheval, couvert de son manteau ; « il est presque coupé en deux », me dit l'ordonnance, le 94° est détruit, ajoute-t-il ; pauvre 19° léger ! mon premier régiment.

Six heures. — C'est fini de notre côté, l'ennemi est écrasé ; mais la droite fait un train d'enfer ; trois officiers d'état-major viennent demander des renforts, le brigadier répond : « J'ai l'ordre de rester ici » ; l'un d'eux verse des larmes et supplie : rien !... Jamais nous n'avons entendu canonnade pareille, tout est en feu à l'horizon, vers le nord : Amanvillers, Sainte-Marie-aux-Chênes, Saint-Privat, tout brûle dans un tonnerre d'artillerie.

Sept heures. — Une immense clameur glace notre sang, on se regarde, le feu a cessé sur toute la ligne, quelques pièces d'artillerie descendent à fond de train sur la voie ferrée, dans le ravin de Châtel. Nous voyons arriver un état-major sur lequel roulent encore quelques obus en retard : c'est le général de Ladmirault, qui dit à notre colonel en passant : « *Canrobert a lâché pied*, nous étions vainqueurs à gauche et au centre ».

21 août. — Encore une nouvelle installation « devant les ponts », au Sansonnet, à côté de la maison de campagne des jésuites de Saint-Clément.... J'ai envoyé Grégoire rassurer la tante; elle a pleuré à la nouvelle de la mort de mon ami : « Est-ce possible! dit-elle. Horrible guerre! »

Nous voilà dans les vignes. La récolte est perdue d'avance; mais que deviendrons-nous par la pluie, dans ces terres fortes, où l'on enfoncera jusqu'aux genoux? Espérons que nous sortirons bientôt de ce traquenard, quand les forts seront mis en état de défense. Metz est assez grande fille pour ne pas se laisser outrager : elle l'a montré en 1553.

22 *août.* — J'ai revu la ville, la vieille tante et quelques amis. On est effrayé de ces hécatombes. Les voitures de blessés se succédaient en si grand nombre que toutes les familles messines ont spontanément été s'inscrire à la municipalité pour mettre à la disposition de l'autorité militaire des chambres, des lits, des soins surtout. Mon vieil ami Racine a six offi-

ciers blessés, dont trois grièvement. Les médecins militaires viennent de loin en loin, et tous les médecins civils visitent les blessés chez les particuliers. Les institutions, le lycée, les écoles municipales sont devenus autant d'ambulances, où les professeurs, répétiteurs, employés sont transformés en infirmiers, et je vois que les pauvres soldats ne manqueront pas de soins.

Nous connaissons les résultats de cette bataille de Rezonville, où l'ennemi a perdu 16,000 hommes et nous 13,000 seulement ; nous avons pris un canon et un drapeau que l'on vient de transporter au nouveau quartier général du maréchal Bazaine, au ban Saint-Martin ; la bataille du 18 a été plus terrible pour l'ennemi, et un prisonnier nous dit que le roi de Prusse a pleuré à la nouvelle du désastre de sa garde. — En somme, nous n'avons perdu ni un canon, ni un drapeau ; et, de l'avis de tous, une direction plus ferme nous eût assuré la victoire complète ; il n'y a donc pas à désespérer du salut de la patrie, et la population de Metz demande à grands cris de partager les dangers de l'armée ; des compagnies de francs-tireurs s'organisent, elles rendront des services, à coup sûr, par la connaissance complète du pays et l'habileté comme tireurs de la plupart des jeunes hommes de la cité messine.

Voilà encore un exemple entre mille de ce que peut entraîner la forme : il y a ici 26,000 chassepots et les munitions nécessaires ; eh bien ! on va garder tout cela avec un soin jaloux, parce qu'il y a des *inventaires* ; on offre à ces braves gens qui veulent se battre de vieux fusils à silex ou des carabines modèle 1846 ; pour les ponts, on commence à s'en occuper, et l'on va enfin se servir du matériel étiqueté et catalogué dans les magasins ; un de mes amis, capitaine du génie, m'assurait hier qu'en remuant toutes ces vieilles palanques, ces madriers, ces poutres à mortaises, il en est qui sont tombés en poussière... Parbleu ! tout se détériore, tout pourrit ou moisit, mais les états restent, et c'est pour l'entretien de ces états que l'on a tout un monde de directeurs, de sous-directeurs, de garde-magasins, qui feraient bien rire un simple menuisier-charpentier, par qui la besogne serait mieux faite. Mais, chez nous, il est d'usage de créer des emplois inutiles et d'inventer des paperasses ridicules pour justifier un chiffre insensé d'employés qui n'ont rien à faire.

24 août. — Je viens de monter sur la flèche de la cathédrale, on y installe un observatoire qui permettra de voir pendant le jour les mouvements de l'ennemi ; on peut se rendre compte déjà de son activité, car, de tous côtés, on aperçoit des reconnaissances de cavalerie ou des grand'gardes d'infanterie ; des camps considérables s'organisent à Sainte-Barbe, à Malroy, à Saint-Privat, Saulny, Frascati, Ars, Novéant. C'est l'investissement qui s'opère sans bruit, pendant que nous nous promenons dans les rues de la ville... Il y a une inertie absolue de la part du grand état-major, qui n'a même pas remercié les soldats de leur indiscutable valeur ; pas un mot pour les morts, pas un encouragement ou un de ces avis comme sait en donner le général qui a un but et un plan de campagne... Jamais le vieil adage : *On se débrouillera,* n'a été mieux en situation, et, pour tout dire, jamais plus nous n'attaquons ; cette qualité française par excellence a passé à l'ennemi. Le moral de l'armée ne peut qu'en être affaibli, car nous ne sommes pas habitués à subir l'outrage avant de courir sus à l'insulteur.

Les vieux *chevaliers du soleil* sont toujours à leur poste, à l'Esplanade ; ces braves officiers en retraite, dont Metz est remplie, paraissent anxieux, ils tracent des plans sur le sable, tiennent leurs cannes comme jadis ils tenaient l'épée, leurs regards s'animent et ils se redressent en écoutant les péripéties de ces batailles livrées sous leurs yeux, tout en regrettant de n'avoir pu y prendre part. Les plus vieux baissent la tête, et l'un d'eux, qui a assisté à Waterloo, m'a dit ce matin : « Vois-tu, petit, il y a trop de généraux chez les pâtissiers, et trop peu de soldats au travail dans ces forts inachevés ; vous allez nous manger nos vivres, nous n'aurons même pas l'honneur de mourir sous les ruines de Metz, il y a un mauvais vent qui souffle ».

Hélas ! il y voyait clair, ce vieux brave, qui a eu le bonheur de mourir avant le 29 octobre.

25 août. — L'investissement est complet ; les nouvelles ne nous parviennent plus sans être revues et corrigées par l'ennemi qui cherche à nous tromper par de prétendus succès de nos armes ; chose bizarre et qui peut donner la mesure du degré de confiance que nous avons en notre chef, on doute des bonnes nouvelles, d'où qu'elles viennent, la supériorité de direction s'étant affirmée chez l'ennemi dans toutes les rencontres. « Mac-Mahon est en

marche sur Metz avec une armée reconstituée
au camp de Châlons »... Cela nous paraît difficile
après la déroute de Wœrth, qui a découvert
Nancy, en ouvrant la route de Paris. Quant à
nous, l'inertie s'accentue, on organise les camps
et les cantonnements comme si nous devions
rester indéfiniment sous Metz ; on ne songe
même pas à faire entrer dans la place tous ces
immenses approvisionnements en blé, vins,
céréales, bestiaux, etc., qui encombrent les
fermes environnantes ; les paysans qui se sont
réfugiés en ville ont bien apporté des provisions,
mais il y a à peine pour les nourrir pendant
un mois, et Metz sera affamé par l'armée, gros-
sie de ces fuyards.

Aujourd'hui ma fête... Triste fête ! Nous
avons eu un échantillon de ce que sera notre
camp, fin septembre ou octobre, quand les
pluies seront de longue durée ; toutes les tentes
sont par terre, aucun piquet ne pouvant tenir
dans cette terre grasse, et nos hommes sont
dans la boue, comme nous ; du reste, pas une

plainte, quels braves gens ! Metz regorge de troupes, on vient de mettre en sûreté tout le matériel du chemin de fer, et l'on voit enfin apparaître quelques vieilles pièces de 12 sur les remparts ; chose bizarre, on a fait sauter un pont qui n'a rien à redouter de l'ennemi et qui, au contraire, ne peut être utile qu'à nous ; les journaux font des gorges chaudes de l'aventure, mais les Prussiens ont dû en rire plus judicieusement, puisque nous faisons leurs affaires. Les ambulances privées sont admirables, je suis fier de mes bonnes Messines ; là se coudoient les dames de la haute aristocratie et les petites ouvrières ; c'est à qui apportera des vivres, des vins généreux, des vêtements... Il y a un service établi ; tous nos braves soldats sont émus de ces soins dévoués et intelligents, et je me demande comment vont faire certaines familles dont je connais la modeste situation de fortune, pour faire face à ces charges sollicitées avec une abnégation et un patriotisme admirables. Des bruits sinistres courent à propos de Strasbourg, qui est bombardé à outrance par les Badois, ces coquins que nous avons enrichis : on a cru entendre le canon de Mac-Mahon, toute la ville était sur les remparts, on s'arrachait les journaux contenant des détails sur les pertes des premières batailles ; l'ennemi est effrayé du peu de monde qu'il avait devant lui à Wœrth et des pertes subies. Il nous arrive un tas de farceurs affublés de la croix de Genève, qui feraient bien meilleure figure avec un mousquet à la main ; à part quelques Luxembourgeois réellement dévoués, il y a des Anglais qui viennent voir et des Belges « *savez-vous* » qui font du commerce ; autant de bouches inutiles qu'un vrai commandant de place enverrait flâner ailleurs.

26 *août*. — Nous partons enfin... On lève le camp, ou plutôt nous sortons de la boue... Mac-Mahon est signalé, nous allons à sa rencontre... mais alors, il aurait tourné par Thionville, puisque nous passons sur la rive droite

de la Moselle. — Bizarre, bizarre !... Après tout, nous ne sommes pas dans le secret des dieux ; en avant, arrche !

31 août. — Sur les glacis du fort de Saint-Julien, deux heures et demie après midi. — Nous avons rétrogradé le 26, le temps était affreux. Aujourd'hui, soleil resplendissant, toute l'armée a passé, pendant la nuit, sur la rive droite ; nous avons devant nous à l'horizon le clocher de Sainte-Barbe, puis Servigny, Noiseville ; à droite, le ravin de Vallières ; à gauche, le château de Grimont ; tout le monde est là, l'arme au pied, à ronger son frein ; il est évident que nous pouvons écraser en une heure les 50,000 Allemands qui sont devant nous, avant que les autres puissent les secourir. Nous nous regardons avec inquiétude ; les grenadiers viennent nous demander *si on attaque !* On voit les Allemands passer la Moselle à la hâte vers Malroy ; du Saint-Julien, on les distingue à l'œil nu, vers Ars et Novéant. Ah ça ! attendre est une trahison. (Le mot est effacé sur le carnet, mais il a été écrit sous l'impression du moment, et depuis cette époque, j'ai dû me présenter, lors d'un voyage à Metz, au général comte de Schwérin, gouverneur de la ville, qui m'a dit : « Monsieur, le maréchal Bazaine a « trahi son pays le 31 août, à la bataille de Noi- « seville, où j'étais ; nous considérions deux « corps d'armée comme perdus s'il avait atta- « qué à midi, comme il le pouvait; mais il *nous* « *a attendus.* »)

31 *août, quatre heures du soir.* — Voilà une affaire que nous allons voir comme si nous étions au théâtre ; l'armée murmurait, harassée de cette inaction inconcevable ; prenons des notes, puisque les obus ne tombent pas encore. — Deux pièces de 24, attelées de 8 chevaux chacune, sortent de Saint-Julien, se postent devant nous ; le premier boulet tombe sur une masse ennemie serrée en colonne en avant de Sainte-Barbe : l'effet est considérable, car tout s'éparpille comme dans une mare à grenouilles qui recevrait une pierre de taille. Nous applaudissons, et ces énormes pièces tirent alternativement et à coup sûr comme si on plaçait les boulets avec la main. Voilà le maréchal Bazaine qui débouche sur la grande route, près de Grimont, avec son état-major, puis mon ami Carré avec son 5e bataillon de chasseurs à pied qui file d'un pas alerte ; il envoie du haut de son cheval un salut de l'épée et un : « Bonne chance, vieux ! » (Une demi-heure après, il était mort.) Tout s'ébranle, nos régiments s'avancent comme sur un terrain d'exercice, les tirailleurs en avant ; dans le ravin de Vallières, la cavalerie est prête à charger, l'infanterie dépasse Nouilly, Mey, le Moulin-de-la-Tour, pendant qu'au centre Cervigny est investi de front et sur les flancs ; le silence n'est troublé que par les détonations formidables de ces deux pièces de 24 ; c'est à se demander vraiment si la mort va faire sa partie dans cette gigantesque tragédie orchestrée. L'ennemi reçoit bien nos énormes projectiles à

Le maréchal Bazaine parcourt le champs de bataille d'un air satisfait.

6 kilomètres, mais il ne riposte pas encore ; étrange bataille, spectacle plein de grandeur qu'il est rarement permis de contempler ; je m'en grise, et jamais je n'oublierai ce 31 août, à quatre heures et demie du soir, où j'ai vu cent mille hommes marchant en bon ordre à l'ennemi. Le maréchal Bazaine chevauche à travers la plaine et semble enchanté ; mais pourquoi diable n'avoir pas commencé plus tôt ?

Cinq heures. — C'est réellement splendide. Le feu est ouvert sur toute la ligne ; les batteries prussiennes se portent très bravement en avant, sans se soucier des soutiens, et ouvrent un feu à volonté sur les deux pièces de vingt-quatre d'abord (que le maréchal fait rentrer au fort, sans doute pour qu'il ne leur arrive pas d'accident) ; puis, sur toute notre ligne d'infanterie en marche ; il y a déjà des trouées parmi les nôtres, et de petites taches noires qui restent en arrière ; de Messins sont parmi nous, haletants et pâles d'émotion ; des obus sifflent et éclatent derrière eux, obus polis qui ne touchent personne ; nos mitrailleuses font un tapage infernal vers Mey, d'où elles prennent en flanc l'artillerie allemande, qui perd presque tous ses chevaux ; cent cavaliers pourraient cueillir vingt pièces, mais jamais on n'a su s'en servir. En avant ! cette fois, ça y est.

1ᵉʳ septembre 1870. — Nous avons repassé la Moselle sur les ponts de Chambière, et nous sommes installés en avant de Woippy, sur un contrefort qui domine la route de Saulny. Les sentiments qui nous étreignent se font jour, sans respect pour la discipline, entre nous seulement, en présence même des officiers supérieurs. Ce n'est plus le doute, maintenant, c'est la certitude ou d'une ineptie absolue, ou d'un parti pris criminel de ne point sortir de ce camp retranché de Metz, où nous faisons une guerre de couards.

Quels sinistres projets sommes-nous appelés à servir ? A quoi servent ces batailles au milieu desquelles on arrête notre élan, comme si l'ennemi imposait ses volontés ? Pourquoi ces hécatombes, si elles doivent rester stériles ? Le soldat n'ose interroger, mais son regard attristé force le nôtre à se détourner avec embarras. *Décidément, nous sommes perdus.* (Textuel, à cette date du 1er septembre 1870.)

(Le journal s'arrête là pour ce jour et ne contient que ces seules observations : Succès brillant ; nuit fatigante et froide ; bataille nouvelle, ce matin, par un brouillard intense, puis retraite inopinée qui stupéfie toute l'armée ; l'ennemi croit à un piège et n'ose avancer ; les Messins sont atterrés, ils ne comprennent pas plus que nous cette guerre étrange.)

D'autres notes, prises quelques jours après, nous permettent de compléter l'historique succinct de cette bataille de Noiseville qui, pour les Allemands, fut une trahison de Bazaine, et sur laquelle le procès de Versailles a jeté des lueurs sinistres. A six heures du soir, le 31 août, l'infanterie française emporta Servigny avec un élan admirable ; les tambours et les clairons, en tête, sonnaient ou battaient la charge ; nous étions sur l'ennemi, dont l'artillerie se trouvait paralysée, et la garde, non engagée, assistait à 600 mètres à ce spectacle superbe que donnait l'infanterie culbutant les Prussiens sans tirer un coup de fusil et les chassant devant elle, la baïonnette dans les reins.

Dans le ravin de Vallières, même entrain, même résultat. Mey, Nouilly sont dépassés ; on est en vue de Montoy, et 10,000 cavaliers frémissants attendent en vain l'ordre de charger l'ennemi en déroute.

La garde s'avance enfin ; des cris de joie sortaient de nos poitrines ; nous les tenions donc cette fois, ces ennemis toujours invisibles qui nous tuaient à quatre kilomètres, sans oser s'offrir à nos balles !

Nous atteignons Mey pendant que la bataille fait rage sur la gauche contre le corps prussien venu de Malroy ; mais la nuit tombe tout à coup sur ce champ de mort, les cris cessent, la fusillade s'éteint, et l'ordre arrive de s'arrêter sur les positions conquises. Vers neuf heures du soir, l'incendie s'allume à Servigny, et le combat recommence dans le village attaqué par les Prussiens, qui l'abordent musique en tête, comme la garde de Prusse attaqua Saint-Privat le 18: Cette échauffourée de nuit fut sanglante, et le combat cessa vers onze heures.

Le lendemain, 1er septembre, à quatre heures du matin, le jour commençait à poindre, et un épais brouillard cachait tous les mouvements de l'ennemi. Aucune mesure n'était prise pour la nouvelle bataille à livrer, cette fois, dans des conditions d'infériorité désastreuses. C'est 200,000 Allemands qui étaient devant nous. Depuis la veille, à dix heures du matin, ils avaient eu le temps d'arriver, et l'armée française avait perdu l'occasion de passer sur le ventre de l'armée allemande, de filer sur Strasbourg en se mettant à cheval sur la grande ligne de communication de l'ennemi.

On se battit jusqu'à midi sans reculer d'une semelle, mais sans direction, sans ordres , chacun se demandant ce qu'avait voulu faire le maréchal, qui, lui, de sa personne, était rentré tranquillement à Metz pour déjeuner. Je verrai toute ma vie cette étrange retraite ordonnée devant un ennemi qui nous regardait partir sans nous tirer dessus; nos tirailleurs d'arrière-garde auraient pu causer avec les Prussiens, et du haut des maisons de Mey, j'en fis abattre quelques-uns sans qu'un seul coup de feu répondît à ceux de mes soldats... et les clairons sonnaient la retraite ou : « Cessez le feu ! » quand nos hommes se demandaient si la paix était faite. Enfin, on rentra par échelons, comme à l'exercice, et, arrivés sur les glacis du fort de Saint-Julien, nous nous regardions avec désespoir, pendant que les états-majors, défilant à travers nos rangs, baissaient la tête et refusaient de répondre à nos questions ; là je vis Bourbaki consterné, et ce brave Leperche me dit en passant : « *Le Sphinx nous a tous collés.* »

C'est en effet le nom que l'on commençait à donner au général en chef, dont personne ne pouvait ou ne voulait deviner les plans. C'est la première fois que nous entendîmes émettre ouvertement cette opinion: « Bazaine ne veut pas sortir d'ici ; il livre des semblants de batailles pour donner satisfaction aux Messins qui voient leurs vivres dévorés par cette armée de malheur ; il donne aussi à cette brave armée qui ne demande qu'à bien faire, un os à ronger, quand lui, Bazaine, poursuit des plans ambitieux inavouables. »

2 septembre. Woippy. — La nuit a été pluvieuse et froide, les échalas des vignes ont servi à faire du feu ; pauvres vignerons, qui voient brûler ces bâtons de chêne, qui leur coûtent 5 centimes la pièce, et piétiner leurs vignes bourrées de raisins verts !...

Le soleil est revenu égayer la campagne, mais notre tristesse est silencieuse ; nous n'osons parler de cette bataille bizarre, où il n'y a eu ni vainqueurs ni vaincus, mais où les morts se comptent par milliers.

Au loin, nous entendons des clameurs étranges, d'immenses feux sont allumés sur les montagnes couvertes de forêts : des hurrahs traversent l'espace et se répercutent dans les ravins de la côte de Saulny en nous glaçant le cœur... (La nouvelle de la catastrophe de Sedan venait de parvenir à Frédéric-Charles, et l'armée prussienne était folle de joie.) Nous rentrons à notre campement du Sansonnet, dans la boue liquide, harassés de fatigue et mourant de faim ; il va falloir tout remettre debout, c'est vite fait avec des soldats comme les nôtres, que l'inaction effraie plus que l'ennemi. Braves gens ! comme on se prend à les aimer, et quelles attentions délicates pour leurs officiers ! Ils m'ont forcé de rester sur la route sèche et ils flambent le terrain sur lequel ma tente va être dressée ; jusqu'aux genoux dans la boue, ils plaisantent, quand je sens des larmes venir à mes paupières ; ils ne se doutent pas que leur capitaine, assis **sur** un sac, au bord de la route, les considère comme ses amis, et voudrait serrer les mains loyales de ces preux qui ont la vraie noblesse empreinte sur leurs mâles visages, celle du dévouement et du sacrifice.

3 septembre. — Nuit silencieuse et morne ; toutes les hauteurs occupées par l'ennemi étaient éclairées par d'immenses brasiers, comme si les forêts étaient en flammes ; des clameurs arrivaient jusqu'à nous avec les accords des musiques militaires. Cette joie exubérante de l'armée allemande augmente notre tristesse, car la bataille de Noiseville ne peut en être la cause ; il n'est plus question de l'arrivée de Mac-Mahon qui a dû être écrasé par l'armée victorieuse à Wœrth ; l'armée de Metz est donc la dernière ressource de la France...

Dix heures. — Un soldat du 5ᵉ bataillon de chasseurs à pied vient d'entrer dans ma petite tente en se baissant. « Je suis l'ordonnance du com

« mandant. Carré ; sa mère m'envoie vous dire
« que son fils a été tué d'une balle au cœur le
« 31, à 6 heures du soir, à l'attaque de Servi-
« gny ; elle vous prie de venir.»

Cinq heures, soir. —L'ami de mon enfance et
de tous les âges, le vieux compagnon de collège,
de Saint-Cyr, des campagnes glorieuses, je viens
de le voir endormi du sommeil éternel ; tué
roide au moment où il venait de lancer d'une
voix retentissante son dernier commandement :
« En avant, les chasseurs ! » Un sourire semble
errer sur ses lèvres, pareil à celui qu'il m'a-
dressa le 31 avec l'éclair de son épée. Quelle
belle mort ! quelle fin de héros ! Mais mourir
à 42 ans, laissant derrière soi une femme ado-
rée et cinq enfants ; sa femme est à Lille. Quand
saura-t-elle qu'elle est veuve ? La vieille mère
seule a de l'énergie en ce moment ; ses filles,
son fils aîné me disaient : « On a rapporté Auguste enveloppé dans son caban ; très peu de
sang, un petit trou noir à la place du cœur.

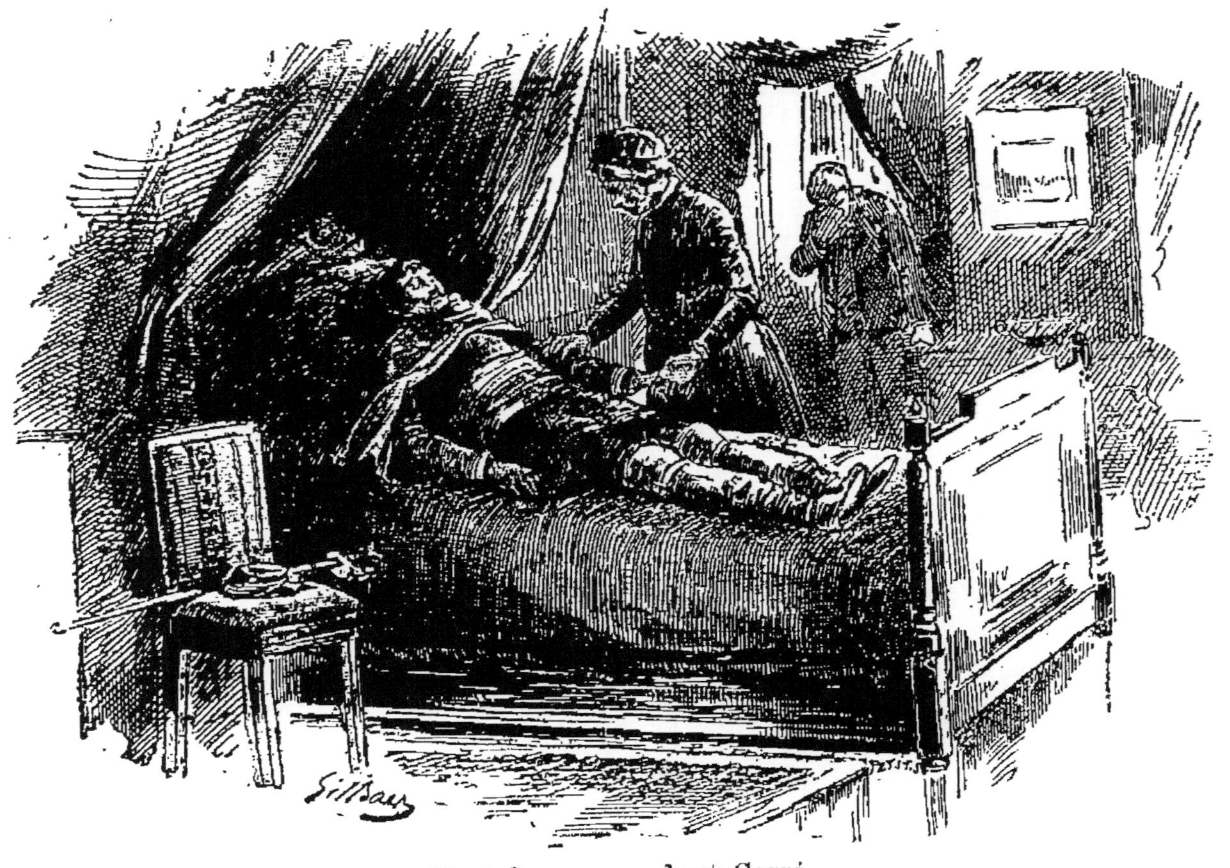

Mort du commandant Carré.

Notre mère n'a pas versé une larme, elle est restée muette devant le corps de son fils, en tenant sa main glacée entre les siennes, comme une Romaine à qui on vient de rapporter son enfant sur un bouclier. Maintenant, elle repose ».

Les pressentiments trompent rarement, j'en ai vu des exemples fréquents dans ma longue carrière militaire. Le 29 août, j'étais allé voir mon pauvre ami Carré à son camp de Woippy ; il était préoccupé de ses propositions pour des croix ou des médailles, et me disait en plaisantant : « Vois-tu, vieux Bizut, il faut bien arranger ses affaires avant de *casser sa pipe* ; je veux juger avec équité pour ne pas encourir de reproches. *Je sens que je serai tué bientôt.* »

« — Laisse-moi donc tranquille. Dieu ne tue pas des pères de cinq enfants comme toi, ce serait cruel.» Je lui serrai la main et pris la route du Sansonnet, quand j'entendis retentir notre vieil appel de Saint-Cyr : Ohé Meyret ! auquel je répondis : Ohé ! Carré ! Comme il insistait, je revins sur mes pas ; il me rappelait, en effet, et alors, d'une voix grave : « Mon bon vieux, embrasse-moi ; tu es pour moi plus qu'un frère ; console ma mère ; un songe m'a prévenu de ma mort, tu sais que je suis fataliste. » Je ne pouvais plus plaisanter, sa voix était trop émue ; il me dit *adieu* dans une étreinte fraternelle et je m'éloignai. Il repose près des siens ; tout son bataillon en larmes l'a conduit à sa dernière demeure ; quel plus bel éloge à faire d'un chef vaillant qui fut le père de ses soldats ?

10 septembre. — Le temps est horrible ; rentrer sous sa tente remplie d'eau, y passer ses journées et ses nuits, il y a de quoi mourir du spleen ; nous envahissons petit à petit les maisons, les granges, on coupe les arbres fruitiers pour faire du feu. Les splendides ombrages du ban Saint-Martin sont abattus, les clôtures en planches sont toutes employées à couvrir les cuisines des soldats qui ne peuvent plus faire la soupe : on a inauguré les grandes bottes de reître, en cuir fauve, montant à mi-cuisse, puisque nous marchons dans une boue liquide de 50 centimètres d'épaisseur ; les fièvres ont fait leur apparition, les vivres diminuent ; on rationne la troupe, et les chevaux s'amincissent, tout en dévorant les feuilles des arbres ; le moral baisse, tout s'affaisse, et le silence continue à régner au quartier général, qui ne se préoccupe de rien, boit, mange et dort dans une belle demeure bien capitonnée. Les officiers visitent leurs malades ou leurs blessés ; *on attend*, comme si le devoir n'est pas d'agir, de chercher à savoir ce qui se passe au delà de ce cercle de fer qui nous étreint.

La population est exaspérée, elle prévoit une catastrophe ; les journaux de la ville se plaignent avec amertume, et nous sommes obligés de défendre le général en chef, que les Messins accusent ouvertement de trahison et en qui nous avons cessé d'avoir confiance. La vieille tante se désole et répète sans cesse : « Pourquoi suis-je restée seule de la famille à voir toutes ces choses ? »

La nouvelle de la proclamation de la République nous laisse presque indifférents, nous autres de la *garde impériale ;* quelques ardents, les Corses surtout, vocifèrent, mais la masse reste muette... Chacun se rappelle la cause première de cette guerre néfaste, les mensonges qui en furent le prétexte et l'inconcevable imprévoyance qui a présidé à ces désastres ; notre devoir n'est-il pas d'obéir et de mourir sans phrases pour la patrie, pour l'honneur ?...

12 septembre. — Les bruits sinistres prennent de la consistance. Leperche apparaît toujours dans les grandes occasions, et, à sa figure, je vois d'avance qu'il y a du nouveau : « L'armée de Mac-Mahon prise en entier, l'empereur prisonnier à Cassel, Mac-Mahon lui-même blessé à mort, révolution à Paris, l'impératrice en fuite, la République proclamée, Trochu gouverneur de Paris, etc., etc. » Je suis abasourdi. . Tout cela est officiel, le prince Frédéric-Charles a envoyé au maréchal Bazaine les journaux français, anglais et allemands.

On se rend compte maintenant des illuminations gigantesques du 2 septembre qui empourpraient l'horizon, la bataille ayant été livrée le 1er ; d'un seul coup, les Allemands ont effacé Iéna... Dans quel gouffre sommes-nous donc engloutis ?

13 septembre. — La canonnade ridicule du 9 se trouve expliquée... ce n'est qu'une fumisterie de l'ennemi qui nous fait décidément une guerre spirituelle. Les prisonniers de Sedan passant en vue de Metz, on a voulu leur faire croire au bombardement de la ville ; on a donc tiré à tort et à travers avec toutes les pièces de campagne, auxquelles nos forts ont riposté au jugé ; de là un vacarme effroyable sans tuer un homme, et la farce est jouée. Mon ami Bonie, lieutenant-colonel de cavalerie, pris à Sedan, vient d'être échangé contre un Prussien de grade égal pris à Rezonville : il nous raconte les détails de la catastrophe de Sedan, toute cette armée s'enfonçant dans un cul-de-sac et s'éveillant au milieu de 250,000 hommes et 600 pièces de canons vomissant le plomb et la fonte des quatre points cardinaux ; Mac-Mahon blessé, l'empereur, absolument ramolli, hissant le drapeau parlementaire à midi et se rendant au quartier général allemand en coupé, à travers ses soldats stupéfiés de son flegme et de sa cigarette philosophique... Tout cela nous semble surnaturel, c'est un cauchemar ; nous avons cependant un témoin oculaire de ces événements et, ce qui est plus navrant, c'est qu'il nous prédit une semblable infortune dont nous n'acceptons pas l'augure, mais qui jette dans nos esprits une vague inquiétude.

14 septembre. — On a formé des *compagnies franches ;* des officiers et des soldats de bonne volonté font à l'ennemi une guerre de Peaux-Rouges ; la nuit, on cherche à surprendre les sentinelles et à égorger les grand' gardes ; il y a eu d'assez jolis coups de main ; des bourgeois se sont organisés avec l'autorisation du général Coffinières, et mon ami Véver, énergique entre tous, s'est installé au château de Grimont, d'où il a l'œil au guet, avec 50 braves jeunes Messins ; cette petite troupe a rapporté pas mal de casques, après en avoir proprement tué les propriétaires ; j'ai demandé à commander une de ces compagnies, la mienne ; mes bons soldats voulaient tous venir avec moi, mais on m'a répondu : « La garde doit rester compacte pour l'effort suprême. » Sa grandeur l'attache sans doute au rivage, et je n'ai pu m'empêcher de dire avec amertume au général de brigade : « On devrait alors nous faire présenter les armes à tous les convois prussiens que nous voyons passer au loin sans que nos grosses pièces des forts les inquiètent... »

J'ai été remis à ma place ; mais ce propos m'a coûté cher, car le général m'a dit : « Je devrais vous punir, mais... » (Il s'est souvenu, sans doute, car aucune proposition faite en ma faveur n'a pu aboutir, et le vent de retard qui a soufflé sur ma carrière, à dater de ce jour, a confirmé la vérité de cet adage : « La parole est d'argent, le silence est d'or » ; que les jeunes officiers ne le perdent jamais de vue.)

Revenons à nos compagnies franches. M. Chadabet, lieutenant de ce pauvre Dumont-Réveil, avait un frère, jeune homme ardent et sympathique, à qui nous faisions fête quand il enait nous visiter ; hier, il a été tué au point du jour, en poussant une reconnaissance sur Sainte-Barbe avec dix hommes. Nous avons obtenu son corps, et au moment où on l'enveloppait dans son caban, un gros homme de la landwer dit en ricanant : « *Ich habe ihn wie ein Kaninchen geschossen.* — (Je l'ai tiré comme un lapin.) L'officier prussien, indigné, lui a lancé un coup de pied ; mais le pauvre frère a bien regardé ce misérable. (Nous verrons plus loin

que la Providence sait châtier le soldat cruel ;
sa sinistre plaisanterie lui a coûté la vie à ce
gros charcutier de Hambourg, comme l'a qualifié

Viande de cheval... ces fiers coursiers de Rezonville.

l'officier ennemi, dont l'attitude a été très digne
dans cette circonstance.)

16 *septembre*. — La situation, au point de
vue des vivres, devient très grave ; la ville,
qui pouvait nourrir ses habitants et une garnison de 25,000 hommes pendant près d'une
année et supporter par conséquent un long

siège, voit ses approvisionnements réquisitionnés pour l'armée et un monde de parasites ; à ce compte, la famine est proche... les chevaux sont déjà sur le radeau de la *Méduse ;* on va tirer au sort à qui sera mangé. La grosse cavalerie débute : un régiment sera mis à pied et *Coco* va continuer la campagne comme viande de boucherie. Quel honneur ! Que dirait M. de Buffon ? Rien n'est plus original qu'un escadron de chevaux de cavalerie, conduit dans la campagne pour manger les feuilles des jeunes arbres. Tous ces pauvres animaux efflanqués se dévorent mutuellement la queue ; aussi c'est à qui ne sera pas en tête, où il n'y a rien à se mettre sous la dent.

Nous rions de ces *fiers coursiers* de Rezonville, affublés de tronçons de queues, tout à fait grotesques, mais le rire s'éteint bien vite pour faire place à de tristes pressentiments. Après la cavalerie, viendra l'artillerie ; et les canons ! qui les traînera ?... Que faisons-nous ici ? Qu'attend donc le chef, ou plutôt le

Sphinx ?... Paris résiste et s'organise ; notre inaction est un crime de lèse-patrie ; c'est Cromwell qui se dessine, Cromwell sans le génie du *Protecteur*.

17 *septembre.* — Le sel commence à manquer ; la viande de cheval sans sel, mauvaise affaire... et les remèdes font défaut chez les pharmaciens ; aussi enregistre-t-on chaque jour des décès nombreux parmi les malades et les blessés. Le typhus a fait son apparition en Chambière et dans plusieurs ambulances de la ville ; les enfants meurent en quantité. Une pétition est adressée au maréchal par la population, pour que le lait de quelques vaches, qui subsistent encore, soit réservé aux enfants du premier âge. Les œufs deviennent rares ; des soldats risquent leur vie pour aller au loin dans la campagne acheter aux paysans ce que les Prussiens ont oublié de prendre ; il en est qui reviennent avec une omelette dans leurs poches, les coups de fusils des avant-postes ennemis les ayant forcés d'accélérer l'allure, et il faut entendre les quolibets des camarades...

La viande de cheval a fait son apparition à la table des officiers ; la sauce au vin de Moselle et aux oignons la rend mangeable. Mais gare ! quand le sel manquera tout à fait...

La vieille tante vide bravement sa cave ; pour les ambulances, d'abord, le vieux vin ; puis le *suret* pour son neveu et sa popotte ; aussi, quand on a trouvé des œufs, Grégoire, mon ordonnance, prend-il le chemin de la place Saint-Louis, où il est reçu avec reconnaissance. Ces petites misères vont s'accentuer de jour en jour ; il y a déjà des soldats mendiants dans les régiments de ligne ; on les punit encore, mais bientôt il faudra fermer les yeux devant les ventres affamés qui n'auront plus d'oreilles. Triste ! triste ! et rien à l'horizon que l'embrasement des fermes et même des villages en réponse à la mort d'un officier prussien tué dans une échauffourée d'avant-postes ; c'est leur manière à ces vandales d'honorer leurs morts !

18 *septembre*. — Les détails sur Sedan commencent à arriver par des journaux pris sur des Allemands ; on a le texte officiel de la lettre adressée par l'empereur au roi de Prusse, le soir de la bataille : « Monsieur mon frère, « n'ayant pu mourir à la tête de mon armée, « je dépose mon épée aux pieds de Votre Majesté. » C'est navrant…. Un *Napoléon* devait mourir, comme Wimpfen lui en offrait l'occasion, et négliger surtout les pieds de son vainqueur. Où est donc l'empereur de Magenta, de Solférino ? Mourant à Sedan à la tête de ses troupes, Napoléon III sauvait la couronne de son fils ; la France est généreuse, elle s'était donnée sans arrière-pensée au soldat des Pyramides, de Marengo, d'Arcole, de Rivoli, parce qu'elle subordonne parfois ses intérêts à la gloire éclatante d'un héros ; elle

n'eût pas chassé le fils de Napoléon III enseveli dans sa défaite...

Les journaux, en annonçant la proclamation de la République, ne font mention d'aucune lutte, d'aucune protestation ; tous ces sénateurs, ces députés, qui devaient mourir pour la dynastie, se sont dérobés même aux devoirs de la politesse puérile et honnête envers une femme, leur souveraine, s'enfuyant dans la voiture d'un dentiste américain ; l'Empire n'a donc pas été renversé, il est tombé comme un fruit mordu au cœur par ce ver rongeur dont nous constations chaque jour les progrès ; par cet entourage de gens au cœur léger que l'on stigmatisait dans la garde par ce mot sanglant : *la clique*... Oui, la clique des courtisans repus et des femmes frivoles, dont la devise était : « Après nous le déluge ! »

27 septembre. — Enfin, nous voilà maîtres de ce château de Ladonchamps qui nous agaçait tous les jours avec ses signaux, et dont deux mitrailleuses avaient si bien rasé d'un seul coup tous les officiers. Ces gaillards venaient tous les matins au rapport sur un tertre, en avant de l'avenue, vers Sainte-Agathe ; à la lunette, on distinguait bien 12 officiers entourant un gros monsieur très remuant. Avant-hier, un lieutenant du 8° d'artillerie m'envoya prier de venir à neuf heures du matin, si j'étais libre, qu'il aurait quelque chose de très important à me montrer ; je savais le jeune homme très ardent, et je partis vivement avec mon lieutenant, très intrigué de l'aventure ; la chose en valait la peine et se fit vite, car, à notre arrivée, nous aperçûmes deux belles petites mitrailleuses amenées nuitamment, embusquées derrière des saules abattus, et un artilleur en vedette nous fit descendre dans le lit d'un ruisseau très encaissé qui nous cachait complètement aux lunettes de l'ennemi. Je trouvai mon jeune lieutenant occupé à pointer avec un soin extrême, et bientôt il nous rejoignit en disant : « Ne vous montrez pas et regardez Ladonchamps ; vous allez voir si, à 2,500 mètres, les mitrailleuses font de l'effet. » A neuf heures précises, nous pûmes compter 11 officiers sur le tertre et le gros homme au centre ; un artilleur à chacune des mitrailleuses exécuta le commandement de : Feu ! D'un seul tour de main, les deux gerbes de balles fauchèrent littéralement les 11 hommes qui s'abattirent. Ma foi ! c'était un véritable assassinat, et bientôt une voiture à la croix de Genève vint prendre les morts et les blessés.

Aujourd'hui, on a complété l'affaire en prenant le château lui-même et en s'y installant définitivement. Comme à l'ordinaire, les Prussiens ont vengé leurs officiers tués en brûlant Sainte-Agathe et Saint-Rémy, à gauche et sur la route de Thionville, ainsi que les Maxes et Franlonchamps, sur la droite, vers la Moselle.

Encore un ami tué à cette affaire, un pauvre commandant du 25ᵉ de ligne ; la liste commence à être longue ; chose bizarre, je sens que ce n'est pas encore mon tour.

28. — Décidément la journée d'hier a été bonne, nous nous décidons à faire la guerre à la française ; cette affaire de Peltre est très drôle. Si nos chefs voulaient un peu se secouer en dehors du *Sphinx*, on pourrait rire de temps en temps.

A une heure du matin, le 4ᵉ corps prend les armes, le canon de Queuleu et de Saint-Julien fait rage, on croirait à une bataille ; ce n'était qu'une ruse de guerre ayant pour but d'attirer les Prussiens vers Mercy-le-Haut et la Grange-aux-Bois, pendant que l'on partait de Metz en wagons traînés par une locomotive munie d'une mitrailleuse ; le 11ᵉ bataillon de chasseurs et quelques compagnies franches sortent du train, tombent sur Peltre, culbutent trois régiments prussiens surpris, tuent beaucoup de monde à la baïonnette et s'emparent d'un troupeau.

A onze heures, on vit rentrer la petite troupe ramenant 300 prisonniers, et les soldats poussant devant eux des bœufs, des moutons,

4*

des porcs surtout qui faisaient un train d'enfer.

3 *octobre.* — Le typhus est dans les ambulances, nos blessés meurent comme des mouches ; des voltigeurs, que je considérais comme hors de danger hier , sont mourants aujourd'hui ; le docteur, qui veut bien m'accompagner, me désigne ceux de ma compagnie qui seront morts demain de cette effroyable pourriture d'hôpital qui fait tant de victimes. Quel triste pèlerinage ! Se dire : Cet homme qui me regarde avec reconnaissance aura cessé de vivre dans quelques heures ! Aussi je montre la médaille militaire à tous ces braves gens. Tous SONT PROPOSÉS ; il semble que j'aie des récompenses plein les poches à distribuer à ces moribonds dont l'œil s'éclaire et qui me tendent avec respect une main que je serre avec effusion. C'est là qu'il faut mettre sur son visage un masque d'airain, sourire quand le sanglot affleure la gorge, plaisanter même lorsque le

pauvre soldat cherche à lire dans vos yeux si sa *feuille de route* pour le grand voyage est signée.

La privation de sel est pour une bonne part dans cette mortalité ; il est nécessaire à l'alimentation comme le pain, la viande, et nous nous rendons compte de l'état d'anémie de nos soldats en voyant les blessés allemands qui résistent au mal et sur lesquels les amputations, mortelles pour les nôtres, sont praticables.

Au point de vue moral et philosophique, il est intéressant de voir des blessés prussiens côte à côte avec les nôtres ; la haine subsiste chez l'Allemand, elle est éteinte chez le Français, qui cherche maintenant à soulager son ennemi d'hier. Les landwehr sont tous pères de famille ; il en est qui se lamentent, quand le jeune Poméranien reste farouche et regarde avec mépris le médecin qui le panse ou l'infirmier qui lui apporte des remèdes ; la haine semée dès l'enfance dans ces cœurs de Germains a produit avec abondance ce que l'on en espérait ; elle forme le fond d'énergie et de résolution que nous avons pu constater, à défaut d'héroïsme, chez cet ennemi irréconciliable que la science a rendu redoutable. *La guerre scientifique* est dans ses notes, il marche sans broncher, tire de sang-froid sans gaspiller ses munitions, tue sans enthousiasme et conserve intact ce foyer de haine qui ne s'éteint pas, même devant l'ennemi désarmé.

Ce n'est plus la guerre de Crimée, où nos soldats donnaient des poignées de main aux Russes pendant les suspensions d'armes ; ce n'est pas la guerre d'Italie, c'est une guerre de races ennemies irréconciliables, et il faudra que l'une d'elles disparaisse ou tombe en servitude.

4 octobre. — Visite très intéressante à Ladonchamps, où l'on voit des murs d'un mètre d'épaisseur traversés par les boulets allemands tirés de Bellevue ; nos pièces de 12 ripostent avec succès ; ce sont les seules capables de lutter contre leur puissante artillerie légère qui nous a fait tant de mal dans toutes les rencontres.

Un des officiers blessés par les deux coups de mitrailleuses n'a pu être transporté au camp prussien, il a été laissé mourant à Ladonchamps et trouvé par nos soldats ; c'est un jeune officier d'état-major, parlant très correctement le français ; sa blessure, quoique fort grave, n'est pas mortelle, et il sera évacué demain sur Metz. Sans forfanterie, il avoue les pertes énormes qu'ils ont subies, mais il a la certitude de notre prochaine capitulation. « Nous savons, dit-il, que vos vivres s'épuisent, et bientôt vos soldats seront incapables d'un grand effort, puis vous n'aurez plus de chevaux, et, par suite, plus d'artillerie.... » Au cours de la conversation, il a tenu ce propos au sujet de la paix : *Nous garderons Metz et toute l'Alsace ; notre roi a dit que les morts de Borny, Gravelotte, Saint-Privat, sont désormais en terre allemande, surtout pour sa garde si éprouvée le 18 août.*

6 *octobre*. — Canonnade toute la journée ; nos pauvres soldats n'ont plus de pain, la viande de cheval les soutient encore, mais les visages pâlissent, les corps perdent leur ressort, et l'on voit des affamés suivre les chevaux dont la marche vacillante annonce une chute prochaine ; dès que l'un d'eux s'abat, dix hommes, le couteau à la main, se jettent sur lui et le dépècent en un clin d'œil, tout vivant, tout fumant : c'est hideux... Les œufs sont à 3 fr. l'un, les pommes de terre grosses comme le pouce s'offrent à 1 fr. 25 la pièce, et encore arrivent-elles parfois ensanglantées, les soldats allant les déterrer sous le feu de l'ennemi.

Chose bizarre, des *Polonais* de grand'garde dans les bois de Bellevue ont donné à quelques maraudeurs français des petits cornets de sel gris ; mais cela n'a pas duré longtemps ; des vrais Prussiens y ont mis le holà ! en tuant les quémandeurs. On parle de départ ; c'est la garde qui ouvrirait la voie dans la direction de Château-Salins, pour gagner les Vosges ; mes pauvres concitoyens de Metz sont exaspérés ; on coupe certains articles des journaux de la localité, trop vifs ou plutôt trop vrais, et une sourde indignation s'empare des officiers. Changarnier, que je n'ai jamais vu, trouve tout pour le mieux, paraît-il, et se promène en voiture découverte à travers les camps ; son optimisme fait sourire en rappelant le fameux : « Législateurs ! délibérez en paix », trois jours avant le coup d'État de décembre 1851.   .   .   .   .   .   .

.   .   .   .

COMBAT DE LADONCHAMPS.

Le 7, à midi, nous achevions un déjeuner lacédémonien, le ragoût de cheval ayant des allures de brouet noir ; les idées étaient sombres, la conversation nulle, et chacun se disposait à rentrer sous sa tente ou à aller à Metz aux nouvelles, quand tout à coup retentit le refrain de la garde, suivi bientôt de la sonnerie de prise d'armes pour la division de voltigeurs. Chacun se précipite ; déjà le colonel était à cheval, tout joyeux, et un soupir de soulagement sortait de toutes les poitrines ; enfin... c'est nous qui ouvrons la marche.

En cinq minutes, le régiment est prêt. Nous filons d'un pas alerte vers Woippy, que nous laissons sur notre gauche pour traverser la route de Thionville ; nous atteignons la Grange-aux-Dames, où se trouve le 11ᵉ bataillon de chasseurs à pied, et tout à coup nous nous déployons avec un ensemble et une rapidité extra-ordinaires : Saint-Éloy, Thury sont franchis ; nous sommes aux Maxes incendiées et qui fument encore ; l'église de Franlonchamps a été seule épargnée, et c'est là que nous trouvons le général de division et le général de bri-gade. L'un d'eux nous adressa ces paroles *enflammées :* « Allez, mes enfants, baissez-vous en approchant des tranchées. » En frondeur incorrigible, je n'ai pu m'empêcher de dire à mes soldats en sourdine : « Levez le nez, au contraire, et ouvrez l'œil. » Nous avancions toujours sans voir l'ennemi, lorsque, sur tout notre front, éclata une vive fusillade, pendant

La ruse du casque.

que les batteries de Malroy, d'Olgy, d'Amelange, nous couvraient d'obus ; ces derniers, tombant dans des terres fortes, sans pierres, n'éclataient pas pour la plupart, sans quoi nous étions détruits en vingt minutes.

Nous venions d'atteindre un petit ruisseau se dirigeant de Woippy vers la Moselle ; la sonnerie de : Halte ! retentit derrière nous, suivie de celle : Commencez le feu ! et le vacarme devint épouvantable.

En quelques minutes, nous avions perdu beaucoup de monde ; peu de morts, mais des blessés en quantité, les balles ennemies n'ayant pas une grande pénétration à 600 mètres.

Il s'agissait de régler le tir, et surtout de déjouer les ruses de nos adversaires ; les Allemands ont profité, en effet, de l'expérience de nos guerres à nous ; ils nous font ces plaisanteries racontées dans toutes les relations de Crimée ou d'Italie : les mannequins placés dans les tranchées de Sébastopol, et qui attiraient la foudre, trouvent ici leur application judicieuse. De là le grand nombre de casques prussiens, traversés par des balles françaises sans que les propriétaires aient été touchés. On place le casque au bout d'un bâton, au niveau de la tranchée, il brille au soleil et reçoit les coups, pendant que le tireur, placé à quelques mètres, reste indemne, tout en accomplissant sa besogne lentement, mais sûrement.

La consigne est donc de négliger les casques pour ne voir que les petites fumées voisines. Quant à la hausse, elle a été bientôt réglée par des feux de salves.

Une balle isolée ne produit aucune poussière à 600 mètres, tandis que trente balles signalent leur chute ; aussi, au bout d'une heure, nous avions abattu presque tous les tirailleurs ennemis, et l'artillerie seule nous faisait du mal.

Le neveu de Bourbaki, jeune sergent, plein d'entrain, fut frappé un des premiers d'une balle à la tête ; il est vivant encore, bien que la matière cérébrale s'écoule par la blessure ; je n'ose écrire à Leperche ; le colonel a dû prévenir le général. (Ce pauvre jeune homme a vécu huit jours et est mort sans avoir repris connaissance.)

Mon brave Mauser, un Alsacien, m'a fait une réponse héroïque dans sa simplicité. Me retournant pour demander des munitions, je vis un de mes soldats assis tranquillement au pied d'un arbre, son fusil entre les jambes ; je bondis sur lui, en lui demandant ce qu'il faisait là.

— *C'est le gôté de la crosse*, me dit-il en me

C'est le *gôdé de la grosse.*

montrant son épaule droite ensanglantée. La clavicule était, en effet, broyée par une balle. Si ce n'eût pas été le « *gôdé de la grosse* », comme il disait, il aurait sans doute continué à tirer.

Le 7 octobre, vers quatre heures, l'artil-

lerie allemande nous couvrait d'obus ; l'un
d'eux, s'enfonçant à un mètre, me jeta littéralement en l'air, et j'entendis distinctement
mon sous-lieutenant s'écrier : « Le capitaine est
tué ! » Mettez vos lunettes, Monsieur de Perrier,
lui répondis-je en me secouant ; et tout le monde
de rire. Braves gens ! demandant de temps en
temps si on ne marchait pas en avant ! Je ne
savais que leur répondre, quand arriva l'ordre
d'emporter les grandes Tapes d'où partait un
feu terrible de mousqueterie depuis le commencement de l'action. L'affaire fut menée à la
diable, ou plutôt à la française. Raïssac, Mau-
dhuy, Chadabet... nous partîmes comme des
fous, en criant comme des sourds vers la droite,
pendant que les autres compagnies tournaient
par la gauche, et, sans perdre dix hommes, on
se trouva dans les cours, dans les écuries, les
granges, à jouer de la baïonnette ou du revolver au milieu des Prussiens stupéfiés. Les uns
se défendaient bravement, les autres jetaient
leurs armes et tombaient à genoux ; l'un d'eux

brandissait son fusil en poussant de véritables hurlements, quand un soldat lui enfonça sa baïonnette jusqu'au canon dans le ventre ; Chadabet ayant reconnu l'homme de Lauvallière, celui qui avait tiré son frère *comme un lapin*, s'était fait justicier.

En dix minutes, ce millier d'hommes étaient morts ou prisonniers ; ces derniers, dirigés sur les derrières, faisaient, à six heures et demie, leur entré à Metz, conduits par le commandant Lévy, qui, croyant l'affaire terminée, s'était payé un petit triomphe, hélas ! qui brisa sa carrière.

Les Allemands, furieux de cet échec, avaient vu emmener les prisonniers sur lesquels ils ne pouvaient tirer : aussi leur feu devint terrible après leur départ, et c'est alors que nous subîmes les pertes les plus sensibles, l'ordre étant venu *de ne pas pousser plus avant*.

Pourquoi, pourquoi nous arrêter ? Pourquoi ne pas pousser jusqu'à Mézières-les-Metz où se trouvent, dit-on, les plus considérables magasins de l'ennemi? c'est la question que chacun se posait, après un succès si brillamment enlevé; mais à quoi bon ? le *Sphinx* ne veut pas sortir d'ici ; il s'est dit : « Cette garde m'assomme avec ses plaintes ; tu veux te battre, ma belle ? Eh bien, je vais te payer une petite fête, et tu me laisseras tranquille. »

On continuait à tirailler et, comme nous n'avions pas d'artillerie, il fallait tirer du chassepot tout ce qu'il pouvait donner ; aussi, nos feux de salves faisaient-ils de grands ravages dans les réserves et même jusqu'aux batteries de Malroy ; c'est à ce moment que je ressentis au bras gauche, près de l'épaule, une forte secousse, comme si l'on m'avait asséné un violent coup de bâton : un obus, éclatant contre un mur, m'avait envoyé sans doute cet avertissement, et bientôt le sang tiède coulait par la manche de ma tunique ; mon fourrier s'approchant, je lui défendis de prévenir personne, et il serra avec mon mouchoir le bras froissé, mais non brisé, qui avait conservé toute son élasticité.

Bientôt les clairons sonnèrent la retraite sur toute la ligne ; la nuit tombait rapidement. Nous nous retirâmes dans le plus grand ordre, en nous demandant, comme à Rezonville, ce que signifiait ce combat sans but défini, interrompu au moment psychologique du succès, lorsque l'on allait en recueillir les fruits. (Le général comte de Schwérin m'a assuré, lors d'un de mes voyages à Metz, que les *petits soldats jaunes,* comme il appelait les voltigeurs, avaient fait l'admiration de l'armée prussienne, et que le prince Frédéric-Charles tremblait de rage, au village de Fèves, en voyant les Français presque maîtres des approvisionnements de Mézières, qui auraient fourni à Metz quinze jours de vivres.)

La nuit était devenue obscure ; on ne distinguait plus l'ennemi ; le feu avait cessé de part et d'autre, et nous partions en emportant non seulement les blessés, mais les morts. Grégoire, arrivant au-devant de nous, prit mon épée, le petit sac à bibelots et le revolver ; il avait le caban qui remplaça la tunique déchirée et sanglante, et c'est alors seulement que la 4ᵉ compagnie du 1ᵉʳ bataillon connut la blessure de son capitaine.

Le soir même, à neuf heures, j'étais installé sous ma tente, dans mon sac en peau de mouton ; le docteur arriva avec son porte-sac, fit un pansement provisoire et parla d'ambulance... C'est là que je l'attendais... On y mourait d'une écorchure ; ce n'était pas le moment d'y entrer pour une « plaie contuse produite par éclat d'obus ». Belle affaire, ma foi ! et rien de cassé.

Le lendemain matin, à neuf heures, ma tente s'entr'ouvrait ; le colonel passait la tête, me demandant des détails sur notre prise des Grandes-Tapes : « Vous êtes signalé par le commandant de Négrier ; je nomme votre sergent-major adjudant ; votre fourrier, sergent-major ; vous êtes le numéro 1 pour chef de bataillon. Si vous avez de la famille, allez vous reposer chez vous ; donnez votre adresse, vous rentrerez quand vous serez guéri ; donnez-moi la main. »

9 *octobre.* — Me voilà installé chez la vieille tante, en rentier rhumatisant ; j'ai pu déjà écrire sur le carnet les notes sur ce combat, pendant que tout défile encore devant mes yeux.

Le bras gauche enflé du coude à l'épaule, capitonné de cataplasmes ; pas la moindre fièvre, et tout heureux de cette aventure de vendredi qui nous a permis de tenir corps à corps cet ennemi insaisissable ; au milieu de toutes ces nouvelles désastreuses, de ces angoisses patriotiques, l'inaction ne pouvait qu'amollir les cœurs ; il était temps d'en sortir, car la garde murmurait de se voir réservée pour *la tentative suprême* que l'on annonce depuis si longtemps, quand chacun a cessé d'y croire ; dans ce combat, les voltigeurs ont eu le rôle prépondérant, et ils ont conservé intacte leur vieille renommée de bravoure et d'entrain ;

toute l'armée a assisté à cette prise des Grandes et des Petites-Tapes, elle a battu des mains quand elle a vu 900 prisonniers faisant leur entrée à Metz à travers la population frémissante ; rien n'a manqué à cette affaire couronnée par la victoire ; si le sang a coulé, même le mien, j'ai eu la satisfaction de voir éventrer d'un coup de baïonnette ce gros charcutier de Hambourg qui avait si bien *tiré comme un lapin* le frère de Chadabet. De plus, il y a dans le fin fond de la conscience cette approbation muette mais réconfortante du devoir accompli, de ce devoir de chef et de soldat qui porte en soi sa récompense.

12 *octobre.*—Un lit, un vrai lit avec des draps, un plancher sec, comment donc ? une descente de lit ; pas de vent dans les *voiles,* le silence, la nuit... c'est presque le paradis terrestre. Les petits bonheurs de la vie sont faits de ces alternatives de misère et de bien-être qu'apporte la carrière militaire. Depuis le 18 juillet, je n'avais

pas couché dans un lit, de sorte que j'en avais totalement perdu l'habitude.

C'est Grégoire qui nous nourrit, car je fais prendre ma portion de viande de cheval, et il apporte des œufs à raison de 3 fr. la pièce ; la tante me gratifie du *vin des ambulances*, c'est-à-dire de ce qui reste de la vieille cave ; la blessure se cicatrise à vue d'œil ; je voudrais bien reprendre ma placé pour la vraie sortie qui se prépare, mais il faut compter encore avec *la gendarmerie* représentée par une vénérable dame à la chevelure argentée, qui accueille mes ouvertures par des : « Jour de Dieu ! » qui me rappellent ceux de la nourrice, dans la *dame Blanche*.

13 *octobre*. — Une grave nouvelle : Bourbaki parti sous un déguisement ! pour quoi faire ? Lui, le brave des braves, laisse sa garde ; il déserte son poste d'honneur... C'est sur lui que nous comptions pour faire notre sortie à nous, pour donner raison à cette phrase mensongère,

mais bien trouvée, attribuée à Cambronne :
« La garde meurt et ne se rend pas », parti
pour plâtrer une paix avec l'impératrice... Ce
n'est pas possible ; allons aux nouvelles.

14 octobre. — C'est vrai. Il y a de sourdes
intrigues, pour ne pas dire des défaillances
coupables. Canrobert a été tâté ; il a mis à la
porte l'envoyé, son devoir de soldat primant ses
sympathies... Français d'abord, impérialiste
après... Bravo !

17 octobre. — Rentré au régiment, je prévois de dures épreuves ; la famine, l'horrible famine nous étreint ; les chevaux eux-
mêmes sont mangés, il reste ceux des états-
majors, des officiers supérieurs et adjudants-
majors, puis 150 environ à divers services, et
enfin 1,500 à l'artillerie et à la cavalerie ; ces
derniers dans un tel état, que je mets au défi
le général en chef de conduire quatre batteries
attelées jusqu'à Ars-sur-Moselle. La troupe s'é-
tiole, les visages amaigris ont une expression

8***

d'anxiété étrange, les épaules se courbent, des maladies de toute nature envahissent les campements, la phthisie surtout s'affirme d'une façon désastreuse... Sortir dans ces conditions ! oui, il faut tenter l'aventure, mais 25,000 hommes à peine pourront faire quelques lieues.

L'ineptie du chef se transforme en une trahison ourdie en vue de la capitulation de Paris ; cette résistance inattendue renverse tous ses plans ; il ne s'agit plus maintenant de jouer le rôle de Monck ou celui de Cromvell ; il faut sortir d'ici, rompre ce cercle de fer avant que la faim ait brisé les derniers ressorts de cette armée jadis si vaillante, aujourd'hui anémique, sans cavalerie, sans artillerie... Comment va se dénouer ce sombre drame, si l'indiscipline s'empare de ces masses affamées, si surtout un juste châtiment n'atteint pas le traître avant qu'il nous livre à l'ennemi ? Ces maréchaux, ces généraux vont-ils accepter jusqu'au bout ce rôle effacé, cette sorte de complicité morale qui nous stupéfie et indigne les habitants de Metz ?

Je n'ose plus aller voir mes anciens amis de collège qui seraient en droit de me dire : « Nous avions vu clair dans cette âme à fond vaseux : tu as beau jeu vraiment de venir nous vanter vos traditions d'honneur, de dévouement, d'abnégation, de sacrifice, quand le plus huppé les foule aux pieds ». Et c'est, dit-on, Changarnier qui a empêché quelques généraux de protester dans les conseils de guerre tenus au ban Saint-Martin ; c'est *Bergamotte*, comme on l'appelle, qui trouve tout parfait, chante la discipline, quand l'honneur des armes est compromis par un aventurier dont l'existence tout entière a été louche, moins la bravoure qui a toujours été franche ; la belle affaire ! Moreau aussi était brave.

J'ai été au mont Saint-Quentin en voiture, il est complètement armé et les casemates regorgent de munitions ; devant moi, on a lancé des obus énormes sur un retranchement que les Prussiens élèvent à Jussy, dans ce petit bois de bouleaux où j'allais rêver dans ma jeunesse, en regardant cette splendide vallée de la Moselle, visible jusqu'à Thionville ; l'ouvrage a été détruit en quatre coups. Pourquoi ne pas opérer ainsi sur tout le cercle qui nous enserre ? pourquoi cette immobilité pendant que l'ennemi envoie dans une seule journée 514 obus sur Ladonchamps ?

On veut donc conserver à l'ennemi nos pièces neuves, notre matériel intact ! C'est comme pour les vêtements de nos soldats, ils n'ont plus que des loques, quand les draps militaires encombrent les magasins de l'armée ; nos hommes sont dans la boue, sans feu, et il y a de quoi les vêtir tous à neuf, on le verra bien à l'inventaire.

Tout cela saute aux yeux, les officiers commencent à le dire tout haut, les bourgeois protestent, et ils nous disent carrément dans les rues : « Allez-vous-en donc ! partez, laissez-nous au moins l'honneur de défendre notre cité comme l'ont fait nos ancêtres ; si vous mangez jusqu'à notre dernier cheval, nous serons pris comme vous, sans que Metz ait reçu dans ses murs un boulet allemand...

Que répondre à ces braves gens que nous n'osons plus voir, que nous sommes obligés de fuir? Ah! la coupe est pleine : que Bazaine prenne garde à lui; il le sent, car les approches de son quartier général sont sévèrement gardées, et je verrais sans m'émouvoir le traître pendu par mes concitoyens.

22 *octobre*. — Le temps est devenu affreux. Jamais spectacle plus lamentable n'a été offert au philosophe; à notre campement du Sansonnet, 60 centimètres de boue; nos soldats n'ont pas nos bottes de reîtres, ils pataugent et ne peuvent se sécher; le bois fait défaut, on brûle les charpentes des maisons, les escaliers, et il faut, à la nuit close, s'étendre sur la paille puante, dans la boue, sans vêtement sérieux, pendant ces nuits glacées, si longues, si malsaines : aussi les ambulances s'emplissent et la peste ne tardera pas à éclater parmi ces 30,000

blessés et ces 13,000 malades (43,000) qui encombrent la ville et ses abords.

Le soldat va mendier un morceau de *pain de paille*, sans sel, ou un verre de vin ; bientôt, l'habitant n'aura plus rien à donner, et Metz ne sera plus qu'une vaste nécropole. Nous éprouvons cependant une consolation, nous autres Messins, au spectacle admirable qu'offrent nos compatriotes ; les femmes sont l'objet d'une réelle vénération de la part de nos soldats et de nos officiers. Nuit et jour sur pied, pansant les plus horribles plaies, exposées à cette fièvre d'hôpital, à ce typhus qui ne pardonnent guère, combien ont succombé à la peine ! Il y a des noms que n'oublieront pas les survivants de ces batailles terribles (qu'il me soit permis de me découvrir devant ceux des plus vaillantes dans cette armée improvisée de la charité et du sacrifice : Mmes Racine, de Boutellier, Gilbrin, Bezançon, Cahen, Bouchotte, etc., auraient mérité de figurer dans nos annales ; mais du jour au lendemain, elles se sont trouvées Prussiennes, il n'y avait plus rien à faire. Mme Bouchotte vient de s'éteindre à Royan ; nous avons eu entre les mains une lettre écrite à son beau-frère, le docteur Scoutetten, devenu notre concitoyen, par un soldat sauvé à Metz, grâce au dévouement de cette sainte femme, petite-nièce du conventionnel Bouchotte, chargée de l'ambulance du Polygone. « Mme Bouchotte a bien voulu écrire son nom sur mon livret de 3e voltigeurs », écrit ce brave soldat, « et je ne puis m'empêcher de verser des larmes au souvenir de *notre mère*, comme nous l'appelions, qui a arraché à la mort un grand nombre d'entre nous. Signé : COUANON. » (Mon ami Scoutetten me pardonnera cette indiscrétion.)

Ma tente est debout encore, grâce à mes soldats qui, après avoir damé la terre, l'ont fait cuire ; mais les nuits sont bien froides et humides. Je mets mes effets avec moi dans ma peau de mouton et les bottes sont serrées dans de la paille ; sans ces précautions on ne pourrait se vêtir au réveil. Ce *réveil*, la bonne charge! il est sonné tous les matins avec la même gaîté ; les prisonniers allemands nous disent qu'ils s'en amusent ; ils en sont arrivés à connaître les refrains des différentes armes, et comme chaque régiment tient à faire son solo, ils écoutent et disent : « Voilà les grenadiers, voilà les voltigeurs, l'artillerie, les cavaliers, etc. Personne ne manque, allons, tant mieux ! » Par contre, nous n'entendons pas le clairon de l'ennemi ; il se garde bien de nous indiquer ses positions par ces turlutaines bonnes tout au plus en garnison.

Sommes-nous assez crétins ! Il n'est jamais venu à la pensée du chef de laisser tous les clairons au camp, de filer pendant la nuit sur la rive droite de la Moselle et de tomber en masse sur l'ennemi pendant que nos clairons sonneraient ce fameux réveil qui l'amuse tant... Il n'y a plus de fautes à commettre ; le général en chef a la responsabilité de la trahison, mais d'autres ont celle du laisser-faire, du laisser-dire, et ils auront pour la plupart sur la conscience cette indifférence coupable qui n'a su prendre aucune initiative de détail, aucune mesure propre à soutenir le moral des troupes ; si Pélissier avait été ici, nous aurions combattu chaque jour. tantôt au nord, tantôt au midi ; l'ennemi eût été détruit en détail ou harassé au point de se mettre hors de portée de nos coups ; tandis qu'il a pu renouveler ses troupes tout à son aise ; qui sait même si nous avons encore beaucoup de monde autour de nous!...

25 octobre. — Des bruits sinistres. Nous sommes perdus. On a demandé à tous les colonels combien d'hommes valides ils pourraient présenter pour un dernier effort ; les médecins, consultés, déclarent que 10,000 hommes à peine pourraient fournir une étape.

Une réunion d'officiers de tous grades et de toutes armes vient d'avoir lieu dans un bâtiment du génie, sur l'Esplanade. Les plus étranges propositions y ont été discutées. Offrir le commandement à un général, déposer le maréchal Bazaine, le traduire devant un conseil de guerre... Des noms sont mis en avant : de Ladmirault, Lapasset, de Courcy, Davoust, etc., etc. ; aucun n'accepte. Un capitaine du génie monte sur une table et s'offre comme général en chef ; il se nomme Rossel !...

La réunion se dissout d'elle-même sur cet incident, et il suffit de voir par les rues les soldats qui se soutiennent à peine pour comprendre que tout espoir est perdu. Les derniers tressaillements d'une armée si brave et si mal dirigée se bornent à des malédictions contre le chef qui l'a trompée jusqu'au dernier jour pour poursuivre des projets criminels. Sortir est impossible ; il n'y a plus 8,000 hommes en état de porter les armes, et l'on annonce officiellement que les vivres seront complètement épuisés dans cinq jours !

Les nouvelles de France sont navrantes : l'anarchie règne à Paris ; Rouen et Le Havre demandent des garnisons prussiennes ; Lyon,

Marseille sont en pleine révolution ; les Italiens se préparent à envahir la Provence ; l'armée de la Loire vient d'être écrasée, etc., etc.

C'est le général Boyer, retour de Versailles, qui apporte ces nouvelles. La paix, que l'impératrice devait signer, n'est qu'une mauvaise plaisanterie. Bourbaki ne peut rentrer dans Metz...

Pour compléter ce tableau, le maréchal s'étend complaisamment sur les travaux d'investissement de l'ennemi, sur les batteries formidables de Sainte-Barbe, de Saint-Germain, de Jusy, de Frascati, d'Amelange, d'Olgy, de Malroy... C'est épouvantable, paraît-il, et nous disons, nous : Mensonges, mensonges, qui n'ont pour but que d'achever la ruine morale des troupes, après avoir laissé consommer leur destruction physique.

Une sourde indignation éclate de toutes parts, et si la discipline est restée intacte jusqu'à ce jour, c'est que cette admirable armée ne peu croire encore à tant d'infamie ; elle compte sur une convention honorable qui lui permettra d'emporter au delà de la Loire ses armes, ses drapeaux, tout en pleurant de laisser derrière elle cette ville infortunée dont elle a dévoré les vivres, qu'elle sera forcée de livrer à l'ennemi en échange des *honneurs de la guerre.*

Le général Gibon vient de mourir de sa blessure de Ladonchamps, une balle au bras ; c'était un brave notre voisin de Woippy, et s'il prélevait pour le 23°, son régiment, un peu trop de pommes de terre ramassées par nos voltigeurs, on le trouvait nuit et jour sur pied à harceler l'ennemi. Paix à sa cendre ; il disparaît à temps, c'est un heureux.

26 *octobre.* — Un ordre étrange. « Les drapeaux vont être recueillis par les soins de l'artillerie et transportés à l'arsenal pour y être brûlés ; ils seront renfermés dans leurs étuis préalablement lavés. » Que veut dire cela ? Ne sommes-nous donc pas assez grands garçons

pour les détruire nous-mêmes, et pourquoi ce nettoyage des étuis?

Les officiers se sont réunis et ont décidé de demander au colonel que le drapeau soit partagé entre tous les officiers, sous-officiers et soldats du régiment. Quant à la hampe et à l'aigle, ils seront détruits devant la garde assemblée.

Le colonel hésite, il nous reproche de douter de la parole d'un maréchal de France, et prescrit d'exécuter l'ordre; nous nous retirons consternés. Maudhui s'approche de moi, et me dit : « Veux-tu que nous le volions ? — Oui certes; j'y songeais ; nous jetterons la hampe au feu et nous cacherons le drapeau chez ma tante... C'est convenu. »

Le jour et l'heure de l'enlèvement du drapeau par l'artillerie n'étaient pas fixés, nous avions donc le temps de préparer notre VOL ; la tante fut prévenue, et nous commençâmes à causer amicalement avec le vieux sergent décoré qui en avait la garde ; esclave de sa consigne, comme nous le connaissions, il était inutile d'en faire un complice, il eût refusé ; nous étions donc presque honteux d'une tentative qui avait un but louable, mais dont la réussite dépendait d'une négligence ou d'un excès de confiance d'un subordonné. Tout a été étrange dans cette guerre ; si nous avions réussi, c'était une faute qui eût trouvé, à coup sûr, son atténuation dans sa gravité même, car il fallait avoir la tête bien solide pour ne pas être pris de vertige en présence de semblables catastrophes.

Quoi qu'il en soit, le drapeau fut enlevé par un adjudant d'artillerie, *nuitamment,* comme si on commettait un crime ; la boue était tellement épaisse que le bruit des roues de la voiture était à peine perceptible, et ce sont les pourparlers qui éveillèrent mon attention ; je sortis de ma peau de mouton, j'entr'ouvris ma tente et j'aperçus à dix mètres, à la lueur d'une lanterne, un sous-officier d'artillerie enveloppé dans son manteau qui emportait notre vieil étendard ; j'appelai le sergent qui, me montrant un reçu tout préparé, me dit : « Je viens

Un sous-officier d'artillerie emporta le drapeau du régiment.

de remettre le drapeau du régiment et je renvoie le poste ». C'en était fait, on réunissait à l'arsenal, pour les offrir au vainqueur, ces trophées qui devaient faire tressaillir de joie toute l'Allemagne ; ce drapeau, porté successivement à Solférino par trois officiers qui l'arrosèrent de leur sang, nous était volé la nuit par une pluie battante ; on n'avait pas osé commettre le forfait en plein jour, les soldats s'y seraient opposés.

Cette nuit fut affreuse ; je n'entendais que la pluie fouettant la toile de ma tente et le canon tonnant sur Ladonchamps toutes les cinq minutes ; le régiment allait s'éveiller sans drapeau, un traître nous avait, en quelque sorte, dégradés en présence de l'ennemi...

(Le procès de Versailles a démontré que Bazaine avait décidé froidement de livrer à l'ennemi tous les drapeaux de l'armée de Metz. Cependant, à mon arrivée à Angoulême, en 1873, invité à venir dans un des cercles de la ville, j'y rencontrai des personnes qui non seulement n'ajoutaient pas foi à cette affaire des drapeaux, mais qui parlaient du maréchal Bazaine comme d'une *noble victime de la politique.* « Il sera acquitté, prétendait le plus ardent de ses défenseurs, et il sortira de cette épreuve plus grand que jamais. » Nous savons comment s'est terminée cette cause célèbre, et s'il nous est permis d'exprimer un regret, c'est de n'avoir pas vu Bazaine fusillé au même poteau que Ferré. Finissons-en avec cette immonde forfaiture, pendant que nous avons le courage de suivre pas à pas ce douloureux calvaire, car nous avons pénétré dans cet arsenal de Metz, paré pour recevoir les vainqueurs, et il nous répugnait de déposer, devant le conseil de guerre de Versailles, contre l'homme qui nous avait décoré à Solférino.)

27 *octobre.* — Aujourd'hui, le régiment n'a plus trouvé son drapeau ; grand émoi ! j'ai pu fournir les détails de l'enlèvement, tout en donnant à mes camarades l'assurance qu'à midi j'en aurais le cœur net ; je me rendis en effet à l'arsenal par la rue des Juifs ; à tout hasard, j'avais préparé un petit papier sur lequel étaient inscrits ces mots :

« pour prendre un morceau de la soie du drapeau, le colonel... » et un nom illisible.

Arrêté à la porte par un soldat d'artillerie en faction, je demande à parler au chef de poste et lui dis : « Je viens pour voir les drapeaux. » — « Avez-vous une autorisation ? » — « Non, mais un mot de mon colonel » ; et j'exhibai mon FAUX. — « Entrez et parlez au colonel de Girels, là, à gauche, au bureau. Tenez, le voilà qui sort avec un capitaine adjudant-major. »

Le premier pas était fait, j'abordai le colonel, mais cette fois sans le fameux billet, et je lui dis d'un air dégagé : « Mon colonel, je suis délégué par mon régiment pour prendre un morceau de notre drapeau avant qu'il soit brûlé. — *Mais, on ne les brûle pas.* — Raison de plus, mon colonel, le souvenir n'en sera que plus précieux. — Mais je ne puis vous laisser pénétrer dans la salle où ils se trouvent, *j'ai des ordres formels.* — Faites-moi accompagner. — Je ne puis, je viens de refuser à votre camarade de la ligne. » Mon camarade pleurait et j'éclatai à mon tour. — Le pauvre colonel de Girels mollissait, je lui pris le bras : « Mon colonel, c'est notre drapeau qui va être livré aux Prussiens, pensez donc à cela. — Vous me donnerez un reçu de ce que vous emporterez ? — Oui. — Allez là-bas, vous trouverez un garde d'artillerie qui vous conduira, mais pas tous deux à la fois. » En effet, sur son indication, je trouvai à la porte d'un immense bâtiment un employé en costume à la fois bourgeois et militaire à qui je dis : « Je viens de la part du colonel de Girels qui vous prie de me conduire aux drapeaux de la garde pour que je puisse prendre un morceau de celui de mon régiment. — Les drapeaux de la garde ! tenez, ils viennent d'être tous brûlés là, dans cette forge, et les aigles brisées à coups de marteau. » En effet, le colonel Melchior, de l'artillerie de la garde, avait procédé à cette exécution et en revenait tout ému encore... Il me dit : « Rassurez-vous et dites-le à vos amis, la garde n'aura pas ses aigles à Berlin ; tous les autres sont là-haut, bien propres, bien alignés, cela regarde les généraux et les colonels. »

Il était temps...

En revenant vers le bureau du colonel de Girels, il me dit : « Vous avez votre affaire ? — Oui, oui. — *Eh bien, tant mieux pour vous, car voici l'ordre du maréchal de ne laisser pénétrer qui que ce soit dans l'arsenal, les drapeaux étant compris dans le matériel de guerre.* »

J'eus le temps de voir une bonne partie de ce matériel que l'on faisait nettoyer, astiquer depuis quatre jours ; un ingénieur-mécanicien, M. Calvet, que je connaissais, était même occupé à réparer une pièce énorme, détériorée par un projectile. Bazaine voulait être correct et présenter à l'ennemi son artillerie et ses drapeaux en bon état.

Je ne sais dans quelle disposition d'esprit j'ai quitté l'arsenal. Je rencontrai trois officiers de mon régiment qui venaient aux nouvelles ; je riais, je pleurais en leur criant : « Les drapeaux de la garde sont brûlés ! brûlés dans la forge ! Allez le dire au camp ! » Et je m'enfuis comme un insensé, pour parcourir les cafés où se trouvaient des officiers ; je hurlais ces mots : « Les drapeaux ne seront pas brûlés ! Allez les prendre ! J'ai vu l'ordre. Prévenez vos colonels ! » Hélas ! on me prit pour un fou. Un de mes amis, Charpentier, des chasseurs à cheval, m'entraîna en me disant : « Calme-toi, mon pauvre M..., tu te fais du mal. C'est de la folie ; comment peux-tu croire que l'on livre nos drapeaux ? » Et les autres étaient comme lui ; personne ne voulait me croire ! J'étais sans voix, sans forces, brisé moralement et physiquement, quand je rentrai au camp. La blessure s'enflamme et la fièvre me dévore.

28 *octobre.* — Ordre de « conserver le matériel, de ne pas briser les armes, *tout devant revenir, après la signature de la paix, à la nation qui aura Metz* ». De qui se moque-t-on ? Les règlements militaires sont-ils donc déchirés ?

A quoi bon finasser avec de braves gens pour recevoir des compliments de l'ennemi sur la stricte observation des clauses d'un marché honteux !...

Après avoir confisqué nuitamment les drapeaux, ce sont les armes que l'on veut prendre à ces braves soldats ! jusqu'aux munitions qu'il ne faut pas détruire !... Et il se trouve des chefs pour accepter des instructions en opposition flagrante avec nos lois militaires. Ah ! il y a les *nominations de la dernière heure* ; le traître est sollicité qui pour un grade, qui pour une croix à donner à un jeune drôle qui n'a rien fait, par cela seul qu'il est le fils de son père ou le neveu de son oncle ; ces turpitudes s'affirment sans vergogne et indiquent le degré de bassesse de certains caractères... Oui, frondeur ! je le suis et le serai toujours pour appeler un chat un chat et Bazaine un coquin, au risque de ne pas prendre part à la curée des grades sur les ruines de la patrie et de notre honneur militaire.

28 *octobre*. — Les chefs sont devenus invisibles. Notre colonel est nommé général de brigade. Le lieutenant-colonel souffre encore d'une chute de cheval; d'un commun accord, nous décidons de détruire nos fusils et nos munitions ; je réserve 20 chassepots que mes voltigeurs porteront à Plantières, dans une maison de campagne appartenant à un cousin; ils seront enterrés avec soin. Qui sait ! on pourra peut-être s'en servir un jour...

A dix heures du matin, par une pluie diluvienne, nos soldats rassemblèrent tout ce qu'ils purent trouver de branchages et firent un énorme bûcher sur lequel furent jetés les fusils, dont le bois sec pétillait et tombait rapidement en cendres; les cartouches, débarrassées des balles, activaient l'incendie de ces armes qui avaient fait tant de mal à l'ennemi, et nous regardions d'un œil morne se tordre les canons et les baïonnettes.

En cet instant, apparut une voiture fermée, traînée par deux ombres de chevaux, et un képi de général de division sortit par la portière : c'était le général Changarnier... Pour

Un képi de général parut à la portière (Changarnier).

la première fois, je voyais ce vieux débris de nos guerres d'Afrique, dont la réputation surfaite nous inspirait assez peu de sympathie ; il me dit d'un air rogue : « Capitaine, vous n'obéissez pas aux ordres donnés, vous donnez l'exemple de l'indiscipline... »

« — *Le règlement, mon général, prescrit de détruire, en cas de capitulation, tout ce qui peut servir à l'ennemi : les armes, les munitions, les drapeaux, les magasins... Nous avons eu le tort de ne pas brûler nous-mêmes les drapeaux vendus à l'ennemi.*

Allez ! mes braves, aux ceinturons maintenant, et après, les gibernes... »

Changarnier s'éloigna sans mot dire, et il a dû penser souvent à cet aveuglement insensé qui le rendit complice inconscient d'une forfaiture.

Le canon a cessé de se faire entendre : ce silence de mort est plus sinistre que le bruit de la bataille, quand la mort fauchait des milliers d'hommes ; il semble que l'armée de Metz est morte, et nous assistons vivants à ses funérailles ; Bazaine, enfermé dans sa maison du Ban Saint-Martin, n'ose se montrer à ses soldats ; l'on commente cet ordre à l'armée, dans lequel il ose établir un parallèle entre sa capitulation et celle de Masséna, le héros de la défense de Gênes. L'impudence de ce traître nous exaspère, et des groupes menaçants de Messins se rapprochent de sa demeure gardée par des fidèles gorgés de récompenses ; sur le pont des Morts, j'ai rencontré Villette, son aide de camp escortant ses fourgons ; ce vieil ami d'Italie détourne ses regards ; puis, je trouve Leperche... Celui-là m'arrête, et nous ne pouvons que nous serrer les mains, les sanglots nous étouffent... Intrigué par ces 10 voltigeurs qui m'accompagnent avec chacun deux fusils, il me les montre, et je ne puis que lui répondre : « Je les cache pour plus tard. — Ah! dit-il, tu as raison, je vais le conseiller à d'autres... » Hélas! nous ne pensions pas que cette revanche se ferait tant attendre, et mon pauvre Leperche ne la verra plus.

Cette journée a été atroce, la fièvre me dévore ; j'ai encore couru les cafés, les lieux publics où se réunissent les officiers de toutes armes, j'ai adjuré mes nombreux amis de l'Ecole de prévenir leurs colonels du sort réservé aux drapeaux ; les uns me répondent qu'ils sont brûlés, d'après *l'ordre ;* les autres, qu'ils le seront demain matin ; la plupart me considèrent comme malade, pour ne pas dire fou, et s'éloignent avec commisération. Billot, Pittié eux-mêmes ne peuvent croire à tant d'infamie et prennent leurs dispositions pour s'évader. (Je m'entends avec eux pour les suivre, mais j'avais compté sans les Prussiens, qui enlevèrent la garde dès le début, quand toutes les routes étaient encore couvertes de leurs troupes... Six jours après la capitulation, on pouvait se rendre en Belgique ou dans le Luxembourg tout à son aise ; avant, c'était impossible, et Leperche fut ramassé un des premiers.)

29 *octobre.* — Date néfaste pour la France, date lugubre pour *Metz, la pucelle,* qui, pour la première fois, vit l'étranger dénouer sa cein-

ture; vendue, mais non prise, elle conserve encore sur ses fiers remparts les traces des boulets de Charles-Quint ; mais pas un boulet allemand n'a souillé la noble cité, qui est tombée d'inanition, sans avoir même eu l'honneur de se défendre.

L'histoire de cette lamentable capitulation de Metz sera faite un jour par de plus autorisés que moi ; elle enregistrera les protestations des habitants qui, dès le mois d'août, quand les forts furent à l'abri d'un coup de main, revendiquaient le droit de se battre, offraient leur fortune et leur vie, comme leurs ancêtres, pour défendre ce boulevard de la France ; les journaux de l'époque n'ont pas épargné les prières, les conseils et même les menaces à ce chef infâme qui poursuivait des projets ambitieux, mais tout a été inutile ; cette ville infortunée, encombrée de 43 mille blessés ou malades, a vu défiler à travers ses rues, parader sur ses places, ses promenades, une armée prussienne qui, hélas ! n'en devait plus sortir...

Me voilà installé chez la vieille tante, dont l'anxiété fait peine à voir ; Maudhui a accepté l'hospitalité dans sa demeure ; je vais laisser ici ce carnet qui, plus tard, me rappellera ces jours de deuil, et je tiens à y consigner les impressions de cette journée horrible à tous égards ; car jamais plus épouvantable temps n'a servi de cadre à de plus lugubres événements.

Le 28, la pluie avait tellement détrempé le sol de glaise sur lequel nos soldats étaient campés qu'il était difficile de se mouvoir ; bien peu poussèrent jusqu'à la ville ; ces malheureux, étendus sur des branchages recouverts de couvertures en loques, vêtus de guenilles, grelottaient devant des feux que des rafales éteignaient à chaque instant ; muets, le regard farouche, ils lançaient parfois avec amertume le nom des chefs invisibles qui, renfermés dans des maisons de campagne confortables, semblaient indifférents à ces misères supportées sans faiblesse par des soldats irréprochables.

La discipline s'était maintenue intacte cependant, surtout dans les régiments de la garde; si un officier chaussé de grandes bottes fauves traversait cette mer de boue pour aller voir ses soldats, tous se réunissaient pour lui faire accueil; les loques s'empilaient pour un siège passable et des questions souvent embarrassantes touchaient au passé, en pressentant l'avenir. Le bien-être de la garde perdu n'était l'objet d'aucun regret; l'humiliation de la défaite imméritée froissait, par contre, tous les cœurs, et l'on se demandait ce qu'allait être cette captivité au fond de l'Allemagne, au milieu de ce peuple froidement haineux qui nous tenait sous ses pieds.

29 octobre. — Après la destruction des armes et des munitions, j'étais rentré à Metz avec quelques voltigeurs portant les fusils qui devaient être enterrés à Plantières. Je rencontrai plusieurs généraux, pas un ne me demanda où j'allais avec ces armes; la liberté était donc absolue pour le chef qui aurait voulu forcer la porte de l'arsenal et détruire tout ce matériel et ces drapeaux préparés pour l'ennemi. Mais, jusqu'au dernier moment, l'armée n'a pu croire à une trahison. La discipline est restée intacte, et ce sont les habitants qu'il a fallu contenir lorsque, dans leur exaspération, ils fomentaient une sédition inutile. C'est alors que le conseil municipal se montra à la hauteur des circonstances ; sa protestation est un modèle de dignité et de patriotisme.

Le soir, un immense voile noir fut apporté ; on en enveloppa la statue de Fabert, et *la Mutte*, cette cloche gigantesque que l'on entend à sept lieues de Metz, sonna le glas funèbre de l'infortunée cité. Je fis des démarches actives auprès de mes concitoyens pour que l'on mît hors de service cette cloche qui ne sonnait jadis que pour les victoires ; mais le temps matériel manquait pour parfaire l'opération, et l'on n'a pas osé briser la suspension, la chute de cette masse pouvant entraîner celle de la flèche de la cathédrale.

A dix heures du soir, je rentrai sous ma tente, littéralement inhabitable, et c'est sous l'auvent d'une porte-cochère du Sansonnet que je passai la dernière nuit qui vit encore Metz ville française, car aujourd'hui nous appartenons à la Prusse.

Nous touchons au dénouement de ce triste drame ; des vivres, il n'y en a plus ; mais, d'après les instructions, nos soldats trouveront le nécessaire au campement qui leur sera assigné après avoir dépassé *Tourne-Bride*.

D'immenses approvisionnements réunis à Mézières-lès-Metz doivent entrer en ville à deux heures de l'après-midi ; ils seront vendus aux habitants ; des associations françaises, anglaises, belges, luxembourgeoises, munies de remèdes de toutes sortes, les répartiront dans les ambulances, et l'on pourra soigner convenablement cette véritable armée de blessés et de malades décimée chaque jour par le typhus et les privations (33,000 hommes).

Aujourd'hui, la journée a été accablante. Je vivrais mille ans que le souvenir de ces douze heures d'agonie me poursuivrait encore. Nos soldats exténués, se soutenant à peine, firent leurs préparatifs de départ. Nos ordonnances étaient autorisés à rester avec nous. Grégoire ploya la tente, la peau de mouton ; les quelques effets furent entassés dans la cantine et le tout acheminé sur une petite voiture à bras vers la place Saint-Louis. Maudhui en fit autant, et nous restâmes avec nos soldats, sous une pluie diluvienne, en attendant l'ordre du départ.

Le rendez-vous était à une ferme appelée Tourne-Bride, sur la route de Metz à Nancy, en vue du château de Frascati, demeure du prince Frédéric-Charles ; les régiments devaient arriver en ordre, sous la conduite des sous-officiers ; mais tous, nous considérions comme un devoir d'accompagner ces braves soldats, et de rester au milieu d'eux, jusqu'au dernier moment. A midi, tous les regards se fixèrent sur le mont Saint-Quentin, et, à travers la brume, nous pûmes entrevoir une ligne noire serpentant le long de la côte comme un immense reptile qui s'engouffra dans la forteresse ; bientôt après, une gigantesque bannière noire et blanche fut hissée ; la Prusse avait pris possession au nom du roi... Pâles, les yeux rouges de larmes, serrant sous nos cabans la garde de nos épées devenues inutiles, nos regards se portaient instinctivement vers ce quartier général de Bazaine avec toutes les malédictions dues au traître félon qui s'était enfui, dès le matin, au quartier général allemand, et que le prince Frédéric-Charles avait refusé de recevoir avant l'heure convenue.

On partit enfin ; longue fut la route à travers ces chemins défoncés, sous une pluie torrentielle inoubliable, et notre cœur se serra quand nous vîmes une immense prairie transformée en marais, où avaient déjà pris place quelques régiments français ; c'est là que nos

« Les greniers et les corridors pour mes soldats... »

soldats allaient attendre leur départ pour l'Allemagne. (Trois jours après, 20 prolonges char-
gées de malades rentraient dans Metz et, détail
horrible, quand on les débarrassa de leurs far-
deaux, les morts étaient aussi nombreux que
les vivants ; il n'est pas étonnant que 23,000
aient été enterrés loin de la patrie, après ces
terribles épreuves.)

Un général et trente officiers prussiens, environ, se tenaient à Tourne-Bride pour recevoir
les prisonniers ; leur attitude fut fort digne.
Le moment de la séparation était arrivé ; nos
braves, se pelotonnant autour de nous, prenaient
nos mains en pleurant comme des enfants.
Ah ! *la grande famille militaire* était unie et vi-
brante à cette heure ; les grades disparaissaient,
et c'est après avoir embrassé tous ces vaillants
que nous avons repris le chemin de Metz.

Au loin, les troupes allemandes étaient
sous les armes, pendant que les officiers ennemis, *émus eux-mêmes jusqu'aux larmes,* nous
saluaient avec déférence.

En nous retournant de loin en loin, nous apercevions encore de longues files qui prenaient leur place dans ce marécage ; des casquettes se levaient, des mouchoirs s'agitaient pendant que nous nous éloignions, poussés par les rafales de vent et de pluie ; l'armée de Metz avait cessé d'exister....

En rentrant dans la ville, nous parlions de l'inscription rappelant que *Metz assiégée a été sauvée d'une surprise par le boulanger Harel.* Il ne s'est pas présenté de sauveur comme du temps de Harel ou de François de Guise. Nous étions perdus sans retour.

Rentré chez la vieille tante avec l'ami Maudhui, grelottants, transpercés par la pluie, nous pensions aux malheureux qui allaient passer la nuit dans l'eau, quand un feu pétillant réchauffait nos membres glacés. Tout à coup, une musique étrange frappe nos oreilles, la tante se précipite à la fenêtre donnant sur la place Friedland, nous la voyons s'abattre sur ses genoux, se couvrir le visage en sanglotant...

Les Prussiens défilaient sur les deux places Saint-Louis et Friedland, musique en tête, enseignes déployées. Nous avons vu passer d'un œil sec les vainqueurs dans les rues désertes, car les habitants s'étaient renfermés dans leurs demeures ; mais il en est peu d'entre nous qui n'ont pas ressenti, à cette heure, une sorte d'ébranlement dans tout leur être. Maudhui reçut, me dit-il, un coup au foie ; moi, j'étais frappé de stupeur, et deux touffes de cheveux blancs apparurent sur mes tempes ; la tante priait, lorsque nous n'avions sur les lèvres que des malédictions qui nous broyaient le cœur.

Bientôt, des voitures de toute sorte vinrent s'installer sur la place : c'était l'approvisionnement annoncé : pain, vin, viande, graisse, œufs, beurre, jusqu'à du lait pour les enfants et les malades ; en un clin d'œil tout fut enlevé à des prix raisonnables, et la nuit enveloppa bientôt la ville éplorée.

Vers dix heures du soir, une troupe en

armes s'arrêta devant la porte, et la sonnette retentit ; la vieille servante, après avoir ouvert, remonta tout effarée, muette de terreur, et je lui enlevai la lumière pour recevoir moi-même les visiteurs : un capitaine prussien et sa compagnie, munis d'un billet de logement, soit soixante hommes et deux officiers. Il me fit le salut militaire en me présentant le billet et fut, je dois en convenir, d'une convenance parfaite. « Les greniers et les corridors pour mes soldats, dit-il, une chambre pour moi et mon lieutenant, si vous pouvez, mais du feu, je suis mouillé. » Ma tante s'approcha, il la salua avec respect, et la vieille bonne, rassurée, partit avec un sergent et ouvrit les greniers, où se couchèrent sans bruit tous ces soldats harassés ; quelques-uns avaient les lanternes réglementaires, et bientôt, dans ce dortoir improvisé, on n'entendit plus que les ronflements des dormeurs.

(Le lendemain, il arriva une autre compagnie ; les escaliers étaient encombrés, mais

Nos braves prenaient nos mains en pleurant comme des enfants (page 173).

aucun acte d'indiscipline ne fut commis ; tous ces soldats nous saluaient militairement quand ils nous rencontraient soit dans la maison, soit au dehors.)

30 octobre. — Je viens de parcourir la ville, l'attitude de l'ennemi est convenable ; il y a bien 50,000 Prussiens dans la place, mais presque toute l'armée va se diriger à marches forcées sur Paris et Orléans, où les événements se précipitent.

Nous avons enfin des renseignements précis sur ce qui se passe : Bazaine a menti, aucune ville française n'a demandé de garnison prussienne ; Paris a organisé une défense formidable et l'armée de la Loire a repris Orléans ; la France est debout à la voix de Gambetta, et nous allons peut-être retrouver les jours de gloire de la première République, bien que la guerre ait pris un caractère scientifique qui annihile presque complètement le courage individuel.

La statue de Fabert, enveloppée dans son voile de deuil, a un aspect sinistre ; les Allemands tournent autour avec respect, et quelques-uns traduisent l'inscription que Bazaine aurait dû méditer avant de signer la capitulation. Tout le corps prussien de Sainte-Barbe et de Malroy vient de traverser la ville, les musiques jouent, et quelques soldats, sans armes, dansent d'une façon grotesque en avant des tambours. Ces troupes sont bien tenues et l'on voit qu'elles étaient nourries ; elles regardent avec curiosité nos officiers pâles, amaigris, retenant avec peine les larmes qui les étouffent, mais aucun mot malsonnant ne se fait entendre, les officiers allemands affectent même de ne point nous voir et détournent leurs regards.

Les habitants sont frappés de l'incomparable allure de certains régiments d'infanterie recrutés en Poméranie, des colosses portant des armes et des impédimenta.

Chez nous, au contraire, on choisit les chétifs et les malingres pour porter de lourdes charges, supporter les plus grandes fatigues, et l'on met à cheval les colosses.

Les habitants voient toutes ces choses, et l'un d'eux me dit : « Nous n'étions pas de force à lutter contre une organisation pareille, et, aujourd'hui seulement, je comprends les luttes terribles que vous avez dû soutenir contre cette armée pour ne perdre ni un drapeau ni un canon, en lui infligeant des pertes cruelles. »

Grande affluence d'Allemands autour de la statue du maréchal Ney, représenté le fusil à la main pendant la retraite de Russie, et autour des ambulances installées dans les wagons du chemin de fer sur la place d'Armes ; beaucoup aussi dans la gigantesque cathédrale, dont la nef est plus haute que celle de Cologne et de Strasbourg...

Les officiers ennemis ont poussé trois hurrah de triomphe à la vue des trophées entassés dans l'arsenal ; jusqu'au dernier moment, ils ont craint de ne pouvoir conserver les drapeaux, tout en avouant qu'ils n'ont pas la valeur de ceux qui sont pris sur le champ de bataille ; c'est avec une joie exubérante qu'ils ont trouvé celui que nous leur avions enlevé à Rezonville. Connaissant l'administration française, que l'Europe nous envie sans l'imiter, nous avons appris sans étonnement que les magasins de l'État sont remplis de draps de toutes sortes, pendant que nos soldats s'en vont en guenilles ; l'intendance a remis les *inventaires* à l'autorité allemande. Ah ! ces inventaires, c'est pour n'en pas détruire la savante ordonnance que nous avons conservé à l'ennemi toutes ces richesses, c'est par respect pour la forme que nous avons violé les règlements les plus sacrés, ceux qui touchent à l'honneur militaire, en livrant à l'ennemi un matériel estimé à 38 millions. Détail plus grave : l'autorité allemande a pris possession de tous les services : postes, voirie, éclairage, police, etc., etc. Tout le personnel est installé depuis hier et l'on reçoit aujourd'hui des lettres qui étaient entassées depuis des mois entiers dans le bureau de poste.

Sous prétexte d'investissement, on a négligé un stock considérable de correspondances que les Allemands remettent aux intéressés ; voilà encore un des côtés pénibles de nos désastres, c'est notre infériorité en toutes choses aujourd'hui constatée, lorsque nos gouvernants disaient chaque jour que nous nous tenions à la tête de la civilisation et du progrès ; en un clin d'œil, le gaz est rétabli, les lignes ferrées réparées, à telle enseigne que le départ de cette armée de 100,000 hommes pour l'Allemagne va commencer le 1er novembre.

Un avis affiché en français dans les principales rues et places invite les officiers à lire les instructions qui vont être données pour les jours et heures des départs, et nous ne pouvons nous défendre d'admirer l'activité, l'ordre, la méthode qui président à ces opérations multiples, dans une ville étrangère où personne ne parle la langue allemande.

31 *octobre*. — On enlève LA GARDE de-

main matin, à dix heures. 120 soldats sont dans la maison, c'est-à-dire 120 espions. Il y en a jusque sur le palier, les escaliers sont éclairés la nuit ; comment sortir en tenue bourgeoise ou sous un déguisement sans éveiller les soupçons de tout ce monde ? Nous essaierons cependant, car il y a trop à faire en France.... En France ! hélas ! oui, en France ; car maintenant nous sommes en Allemagne.

1ᵉʳ novembre. — Tout a été inutile ; ces officiers prussiens s'attachent à nos pas et nous surveillent avec une politesse excessive. Comment donc ! ils nous offrent des lettres de recommandation... Nous avons été obligés de nous enfermer chez nous, et la bonne tante se cache pour coudre des louis dans la doublure d'un gilet ; l'heure du départ approche, voilà le dénouement de cette sombre tragédie ; des Prussiens partout, Metz n'est plus ville française, et nous allons pourrir dans quelque trou au fond de l'Allemagne. Un officier de grenadiers, d'o-

rigine corse, disait hier, en présence de quelques officiers de la garde : « Pauvre empereur !
« pauvre impératrice !!! » — « Allons donc !
« pauvre France ! pauvre Alsace ! pauvre Lor-
« raine ! voilà ce qu'on a répondu à ses doléan-
« ces. Qu'importe une dynastie qui s'écroule
« sous le poids de ses fautes ? La patrie avant
« tout. »

Je ferme le carnet cejourd'hui, 1er novembre 1870, à neuf heures du matin ; tout est prêt, même l'épée... Nous n'entrerons pas désarmés en Allemagne ; mais, hélas ! ce n'est pas ainsi que nous comptions franchir la frontière. Que la foudre écrase le traître qui nous a livrés et les malheureux qui, par leur imprévoyance criminelle, nous ont conduits à ces désastres.

DEUXIÈME PARTIE

La captivité.

Cologne, 5 novembre 1870. — Enfin ! ce voyage est terminé ; partis de Metz à 10 heures au nombre de 600 environ , officiers et ordonnances, nous emportions nos armes et nos bagages... Une dernière douleur nous était réservée cependant ; en passant à proximité du parc de Frascati, nous aperçûmes les drapeaux français groupés en faisceaux, des officiers allemands palpant les franges, passant leurs doigts dans les déchirures et caressant les aigles.

Bien des yeux se mouillèrent et les visages pâles de tous ces braves soldats s'éclairèrent d'une flamme sinistre.

Comment s'est-il trouvé un maréchal de France assez infâme pour livrer 53 drapeaux en échange de ses bagages ? Honte sur nous qui avons laissé à d'autres le soin de détruire nos étendards.

Des officiers prussiens palpaient nos drapeaux.

On nous avait invités à nous munir de sièges, les seuls wagons de marchandises étant disponibles. L'X réglementaire continua donc son service, et je me rappelle à peine ce voyage horrible, par la pluie, le brouillard, à travers cette Prusse Rhénane que nous comptions parcourir en vainqueurs.

Toute la journée, toute la nuit, encore toute la journée du 2, le long du Rhin splendide, redevenu le Rhin allemand, et enfin l'arrivée à Cologne (Coëln), vers 8 heures du soir, brisés, transis, à demi morts moralement et physiquement.

Un repas chaud nous attendait ; il fut pris à la hâte, car la caserne d'artillerie nous était réservée, et c'est là que nous fûmes dirigés à travers la ville. Une foule énorme nous attendait. La garde ! la garde ! disaient quelques spectateurs, et nous fûmes étonnés de l'attitude convenable et presque respectueuse de cette multitude. Redevenus soldats à notre tour, nous avancions la tête haute, notre épée au côté nous permettant de châtier au besoin un insolent.

Des habitants s'approchaient et demandaient, en saluant, si nous étions les combattants de Gravelotte... C'est alors seulement que nous apprîmes combien cette bataille avait terrifié l'Allemagne qui pleure encore le désastre de sa garde et nous ressentions, même dans la défaite, la satisfaction du devoir accompli.

Il était tard quand nous entrâmes dans une cour spacieuse où se trouvaient quelques officiers prussiens, dont un major très courtois, de figure avenante, et n'ayant rien de militaire que l'uniforme, c'était le brave major d'Armin. Il s'excusa du peu de confortable de notre demeure provisoire, en nous promettant la liberté pour le lendemain, nous souhaita bonne nuit et se retira.

Notre première nuit fut atroce, jamais je n'ai vu et senti pareille armée de punaises, le plancher en était noir... Les premiers entrés dans ces chambres immondes s'enfuirent dans les corridors, puis dans la cour, car on eût dit que toute la vermine de l'Allemagne s'était concentrée dans cette caserne de malheur pour nous faire accueil. Enfin, le jour parut, et à 8 heures le major d'Armin nous adressa une petite allocution très polie sur les nécessités de la guerre, tout en rendant hommage au *courage malheureux.* Après l'appel, on apporta un registre, destiné à recevoir nos signatures. «Signez. Vous vous engagez à ne point chercher à vous évader, et la ville vous servira de prison. Si vous refusez, vous serez enfermé à Deutz (forteresse de Cologne). »

Le local devait être sans doute comme cette fameuse caserne où tout grouillait autour de nous. Franchement, il y avait de quoi hésiter, et ceux qui refusèrent de signer le premier jour, nous rejoignirent le deuxième au soir, à moitié dévorés.

Me voilà donc chez Jacob Metzler, Dominikaner n° 2; je viens de faire un vrai déjeuner, je suis rasé, peigné, brossé, et, selon mon habitude, je vais transcrire sur ce petit carnet acheté Hohe-Strasse, toutes mes impressions.

7 novembre. — J'ai un logement de 18 francs avec café au lait le matin, un lit en *trois volumes*, des draps comme des serviettes et une pension à 28 sous par jour; il n'y a pas à plaisanter avec les 45 francs que nous alloue le gouvernement allemand, pour notre entretien. Le mois d'appointements touché, au départ de Metz, servira à nous transformer en bourgeois, car si l'épée que nous avons conservée est un porte-respect, le gamin est le même dans tous les pays, cette race est sans pitié.

10 novembre. — La transformation est complète ; il était temps de mettre de côté ces uniformes souillés, ces armes en mauvais état, ces galons, cette ferblanterie, qui jurent à côté des uniformes prussiens flambants neufs. — Les enfants ne nous suivront plus dans la rue pour nous demander des boutons ou pour nous crier leur éternel : « Capout! » Quelles hontes ! on annonce le passage prochain des trophées de Metz ; ils sont énumérés sur les affiches ; on les estime à 38 millions, rien que pour le matériel de guerre...

Il semble que la défaite transforme les visages et aplatit les caractères : tous ces braves gens, si fiers devant l'ennemi, paraissent maintenant mornes, malingres, sans ressort ; la misère et les privations, en affaiblissant le corps, ont réagi sur l'intelligence, et l'on sent que la mort a déjà mis sa griffe sur beaucoup de ces figures hâves, dans ces regards désespérés.

Où sont ces belles figures des soldats de Malakoff, de Magenta, de Solférino ? Quelles tristesses, après ces jours de soleil à travers les plaines de la Lombardie, que pavoisait l'été, au milieu de ces villes, que pavoisaient les populations... Ici, on se salue à peine, et l'on ronge son frein en pensant qu'on doit assister de loin à ces batailles où se joue le sort de la patrie.

13 novembre. — Aujourd'hui, Waltrafs-platz, trois voitures, traînées chacune par six chevaux étiques, ont fait halte sous la conduite de malandrins à têtes patibulaires ; la populace les entourait, et bientôt les bâches enlevées permirent de contempler le butin honteux que charriaient ces coquins. — Une maison avait dû être dévalisée de fond en comble en Lorraine, car on trouvait, à côté de la charrue et de ses accessoires, des bonnets à ruches tuyautées, des jupes rouges de paysannes, des blouses neuves à fleurs de fil blanc, des poêles en fonte ou faïence, du linge, des meubles, jusqu'à des jouets d'enfants et de ces chaînes d'or en usage chez les riches fermières ; les voleurs avaient tout emporté, même des portes, des fenêtres, des vases de nuit... Le cœur se soulève de dégoût à ce spectacle, qui fut confirmé plus tard par des lettres ; l'une d'elles émanait du père d'un capitaine de génie, habitant les environs de Sarreguemines. « Tout a été enlevé par ces « brigands, écrivait le vieillard ; ta mère et moi, « n'avons plus une chemise ; il reste les quatre « murs... »

Les malandrins ont vendu beaucoup de ces épaves, puis les voitures se sont éloignées dans la direction du pont du Rhin.

15 novembre. — Encore voyager... Cette fois, nous allons au fond de la Prusse, à Breslau, d'autres sont désignés pour Hambourg ; nos uniformes sont remplacés par des vêtements bourgeois : c'est déjà un adoucissement à notre souffrance morale. Que diable me veut-on à la *commandature ?*

16 novembre. — Signalé comme blessé, j'ai dû être visité par deux médecins, qui avaient à statuer sur mon envoi à Breslau ; rassuré tout d'abord, j'ai eu la satisfaction de me voir maintenir à Cologne, le voyage et le froid pouvant rouvrir ma blessure ; me voilà donc définitivement le locataire de Herr Huberty, fabricant de pipes en cornes de cerf ou de chamois, petit homme sec, poli, veuf, père de sept fils et d'une fille ; l'aîné de cette maisonnée a quatorze ans, la petite dernière six, et tout cela travaille le soir, autour d'une grande table ronde que j'entrevois en rentrant après mon dîner. Deux fois, on m'a invité à entrer ; je m'y suis refusé, en remerciant ; mais je vois dans cette brave famille un sentiment élevé des convenances qui me frappe ; la vieille grand'mère est montée deux fois déjà, ne me disant que ces mots : *immer traurig !* (toujours triste), et se retirant en branlant la tête... ; bonnes gens !

17 *novembre.* — Qui diable a dépêché aux 700 officiers prisonniers à *Cöln* cette espèce de personnage du nom de Régnier, dont la sotte figure a déjà été entrevue à

Metz, figure d'espion, s'il en fut, et allures louches de cuistre ?...

Il apporte des numéros d'un journal infâme, qui a pour titre : « *le Drapeau* », et, chose bizarre, ce matin, à l'appel, nous avons vu des soldats allemands en transporter d'énormes ballots sur une voiture que traînaient des prisonniers.

Ce journal, rédigé par des familiers des Tuileries, est chargé, paraît-il, de préparer le retour de l'empereur ; il insulte le gouvernement de la Défense nationale et se moque des armées improvisées, qui n'ont pas désespéré du salut de la patrie. Le gouvernement allemand est, bien entendu, le complice de ces infamies, puisqu'il en autorise la distribution parmi les 8,000 prisonniers du camp de Deutz.

Cet aveu fait par le colonel de Horn, officier prussien qui préside à l'appel des Français prisonniers, nous a fait bondir d'indignation ; le Régnier fera bien de partir, car il a déjà été insulté et menacé par des officiers de la garde, auxquels il s'était adressé de préférence.

Grand émoi à la lecture de ce journal inspiré, dit-on, par l'impératrice, et que des généraux patronnent en offrant des secours aux besogneux, en échange d'une signature. C'est sur nous que l'on compte pour restaurer l'empire, sur les ruines de la patrie ; les Allemands approuvent, bien entendu. On voudrait nous abaisser au niveau de ces émigrés qui applaudissaient aux victoires de la coalition et suivaient dans les fourgons de l'ennemi...

Rien ne nous sera donc épargné ; il faut encore enregistrer cette honte suprême qui va nous rendre la risée du monde entier ; des listes de protestations circulent déjà ; l'*Indépendance belge* consent à les reproduire, et nos jeunes armées de France sauront que la vieille armée applaudit à leurs efforts, tout en pleurant de ne pouvoir plus combattre.

Qui sait ! nous avons encore nos armes, le jour n'est peut-être pas éloigné où nous pourrons faire, nous aussi, un effort désespéré.

20 *novembre*. — Cette vieille ville est bien intéressante, bourrée de monuments romains, d'églises de style roman pur ; elle possède surtout cette incomparable cathédrale, qui sera achevée avec notre or, à ce que prétendent les Allemands. J'ai découvert la maison où s'est éteinte dans la misère la reine Marie de Médicis, veuve de Henri IV ; une plaque de marbre noir, avec inscription, consacre ce souvenir si peu honorable pour la France, et surtout pour la royauté.

Il y a là maintenant une brasserie où je vais passer un quart d'heure avant de rentrer à la maison Huberty ; ce soir, deux bourgeois cossus, après m'avoir considéré un instant, s'approchèrent, et le plus âgé me dit fort courtoisement en français :

« Je suis M. de Lamothe-Fouquet ; ma famille, d'origine française, a été forcée de s'expatrier lors de la révocation de l'édit de Nantes ; je suis devenu Allemand, mais notre cœur bat toujours pour la France ; voulez-vous, monsieur l'officier, nous faire l'honneur de prendre place à notre table ? monsieur est mon

ami. Herr Vilmahser a longtemps habité Paris et aime la France... »

Les deux figures étaient sympathiques ; je me levai, et, touché de leur accueil, je pris place à leur table ; braves gens ! que de services ils ont rendus à nos malheureux officiers !

Qu'ils reçoivent ici l'hommage dû à leur désintéressement, à leur dévouement et à leur grand cœur.

20 *novembre.* — Chaque soir, je trouve mon huguenot, comme je l'appelle, fidèle au rendez-vous dans la maison de Marie de Médicis ; M. de Lamothe-Fouquet m'ayant chargé d'indiquer sa demeure aux officiers qui n'ont pour toute ressource que les 45 fr. alloués par le gouvernement allemand, il y a eu déjà hier des misères soulagées par ses soins. Des prisonniers de Sedan surtout ont été l'objet de sa sollicitude, et la liste en est longue de ces infortunés, inscrits pour des sommes variant de 20 à 100 fr. à la caisse de cet homme de bien. — A la paix, il avait prêté 4,700 fr. ; tout lui a été restitué religieusement pour notre honneur, et j'ai reçu, une année après mon retour en France, une lettre émue, dans laquelle M. de Lamothe-Fouquet relatait la quantité considérable de cadeaux envoyés par ses obligés.

23 *novembre*. — Chose bizarre, nous disons rarement la vérité quand il s'agit de faits de guerre ; c'est dans la relation du grand état-major allemand que se trouvent les chiffres exacts de nos pertes et de celles de l'ennemi ; la guerre d'Afrique nous a habitués aux victoires faciles et aux bulletins mensongers ; la tradition en a été fidèlement conservée pendant cette guerre néfaste. Herr Vilmahser m'a raconté l'émotion produite en Allemagne ,par les premières batailles et les pertes énormes de ces sanglantes rencontres ; je vais condenser ces conversations émouvantes pendant que ma mémoire en a retenu les moindres détails :

« Le succès final n'a jamais été mis en doute ; nous savions que la France n'était pas prête, ses réserves étant sur le papier comme son organisation. Le dernier plébiscite signalait 243 mille hommes, nous envahissions en bloc avec 670 mille, chargés encore des lauriers de Sadowa, et l'installation de votre armée de Mulhouse à Longwy nous faisait l'effet de douaniers voulant empêcher la contrebande. *Vos journaux s'empressaient, à l'envi les uns des autres, de nous renseigner, lorsque les nôtres étaient muets...* L'insulte de Sarrebruck nous a été utile ; elle a donné à nos troupes une surexcitation extraordinaire ; et puis, si vous saviez comme cette revanche d'Iéna était préparée de longue main... Toute l'Allemagne s'est trouvée debout quand vous dormiez sur ces *vieux lauriers.* La *catastrophe de Sedan a éteint le soleil d'Austerlitz.* — Et votre diplomatie ! comme elle a été roulée depuis Duppel... M. Thiers, seul, a vu clair. Wœrth a été cruel pour nos troupes, mais on a constaté, en même temps que le courage de vos soldats, l'ignorance de vos chefs : *vous ne saviez pas faire la guerre.* Notre cavalerie vous surprenait partout, quand la vôtre gardait les bagages...

« L'armée de Metz nous a infligé des pertes terribles, *sans trophées, et la catastrophe* de la garde prussienne, à Saint-Privat, a été un deuil pour toute l'Allemagne qui a perdu dans cette seule journée de Gravelotte 20 mille de ses enfants. M. de Franckenberg, notre gouverneur, y a perdu ses deux fils et son gendre. (Le fait est que ce vieux général, blessé lui-même, était la statue de la douleur quand il traversait Cologne en voiture ; il y avait dans son regard, lorsqu'il nous rencontrait, une expression de haine inoubliable.)

« Vous avez dû remarquer que la population a accueilli avec respect ces prisonniers de Metz ayant encore leur épée au côté et dont les visages hâves indiquaient les privations et les fatigues. Cette armée réduite à l'impuissance, nous considérions la guerre comme terminée ; mais aujourd'hui, la déception est grande, et l'on ne peut se défendre d'un sentiment d'admiration unanime pour cette nation qui lutte avec des armées improvisées et tient en échec un million de soldats allemands... Si la paix n'est pas faite à Noël, ce sera une terrible déception encore...

« Si vous étiez venus avant Sadowa, on vous

eût acceptés ; la Prusse ne pouvait lutter à la fois contre l'Autriche et contre la France ; nous avions, ajoute M. de Lamothe-Fouquet, des drapeaux tricolores tout prêts pour votre arrivée, car il y a encore ici beaucoup de sympathies pour la France ; mais, maintenant, *la grande Allemagne est faite.* »

25 *novembre.* — Aujourd'hui, à Deutz, au rez-de-chaussée d'une caserne, derrière les barreaux de fer des fenêtres, la population va voir les turcos ou plutôt *thiere* (les bêtes féroces), comme on les appelle ici. Ces pauvres enfants du désert meurent comme des mouches : ce climat les tue ; ils regardent d'un air triste ces gens qui ricanent et leur jettent des dragées, comme s'ils étaient des singes... Parfois une bouche s'entr'ouvre et montre des dents éclatantes de blancheur, sous un regard de feu. Ah ! si ces braves pouvaient bondir, comme à Spickeren, le fusil au poing ! En res-

tera-t-il un seul pour entretenir, en Algérie, la haine de l'Allemand ?

Nous venons de voir passer un train de canons de Metz ; ils sont ornés de feuillage, et des soldats prennent des poses en les montrant aux promeneurs ; il y a là des pièces de tout calibre, jusqu'à de vieilles bombardes bonnes pour un musée. Et tout cela était classé comme *matériel de guerre...*

Nous sommes dans la foule ; mais on reconnaît à leurs yeux rougis, qui retiennent les larmes, les vaincus d'hier, qui mordent leur moustache, et que cette foule regarde cependant avec une respectueuse curiosité ; un seul idiot a jeté, dans un éclat de rire guttural, ce mot : « Voilà la grrrande nation ! » Après tout, ce peuple triomphe avec modestie, car, après des victoires comme celles-là, nous nous serions peut-être tous fait couler en bronze.

Il y a ici deux populations différentes d'éducation et de sentiments : le peuple rhénan, qui a été Français et a aimé la France, et le monde des employés prussiens qui nous hait et nous méprise ; l'orgueil de ces drôles est devenu incroyable ; ils poussent la population paisible à nous insulter, tout en devenant humbles et plats si l'on fait mine de résister à leurs sottes injures. — Mais tout ce monde d'employés, pris en plein travail, devient respectueux, et les administrations des postes, des télégraphes, nous ont étonnés par leur activité froidement polie. Ce peuple prussien, admirablement discipliné, produit sans bruit une somme énorme de travail, parce que le sentiment du devoir professionnel existe dans toutes les classes de la société, et parce que, partout, il sait se priver des plaisirs bruyants et coûteux. L'employé déjeune pour 7 sous et dîne à 14, quand notre simple ouvrier boit l'apéritif, mange des huîtres et prend son café et le reste ; à ce compte-là, la ruine industrielle et commerciale suivra bientôt la perte de notre prestige militaire.

1er *décembre* 1870. — Les nouvelles sont

bonnes... Luttes indécises sur la Loire et sous Paris ; combat honorable à Amiens. Les visages allemands s'allongent ; la paix ne sera pas faite à Noël ; la misère est grande, de longues files de femmes et d'enfants viennent chercher des secours à l'hôtel de ville ; mais il n'y a pas de défaillances. Les fabriques chôment, on ne voit que des magasins bourrés d'effets militaires, de bottes, de ceinturons, de gibernes, etc. Ce peuple est debout, en armes, calme, prêt à tout, enflammé à froid de l'amour de la *grande patrie allemande*, ne pleurant même pas ses morts, mais les glorifiant comme des victimes nécessaires. Le moindre petit soldat a son nom inscrit à la quatrième page de la *Kolnische Zeitung*, sous cette rubrique : « Franz Hauser, soldat à la 3ᵉ compagnie du 2ᵉ bataillon du 43ᵉ infanterie, est tombé en *tapfer* (brave), au combat d'Amiens, pour la patrie ; honneur à sa mémoire ! » La liste en est longue ; il y a eu bien des suppléments au journal, mais l'énergie semble croître avec les pertes, et je sens que tout notre bruyant patriotisme succombera à la longue devant cette froide ténacité.

Chaque dimanche, on affiche le résumé de tous les télégrammes de la semaine ; c'est pour la campagne qui vient aux nouvelles ; là encore, notre infériorité éclate à tous les yeux, en ce que *pas un* de ces villageois ne vient quémander l'aide d'un voisin pour lui lire la dépêche. Il y a une rude poussée en avant à donner à nos écoles et à nos instituteurs, qui crèvent de faim, quand ils sont ici honorés et bien rétribués.

Il y a quinze ans que ces lignes sont écrites, la poussée en avant a été donnée au prix de quels efforts et sous le coup de quelles malédictions ! Dans quelques années, on glorifiera ces ardents promoteurs de l'instruction obligatoire, dont l'honneur reviendra à la République.

2 *décembre*. — Encore un triste anniversaire ; il y a dix-neuf ans que nous lisions les affiches annonçant le coup d'Etat ; notre

6***

régiment quittait la caserne de Reuilly pour aller prendre position sur la place de la Bastille ; tout le faubourg, frémissant, nous regardait passer en silence ; quelques cris de : « A bas l'usurpateur ! A bas le tyran ! » sortaient de cette foule qui ne comprenait pas encore toute la gravité de l'attentat. Quelle triste guerre encore que celle-là, surtout quand, le lendemain, je relevai Baudin, tué au coin de la rue de Cotte par le caporal Brillat, de ma compagnie, et mon fourrier, percé de quatre balles !...

Aujourd'hui, l'éternelle justice a frappé presque tous les coupables, et la nation française elle-même, en grande majorité complice de ce crime contre la légalité, subit le châtiment de sa légèreté ou de sa faiblesse, sans profiter de la leçon, puisque les coquins qui ont osé devant l'ennemi, le 31 octobre, fomenter une sédition, sont encore debout ; Trochu, le rhéteur, a manqué d'énergie ; puissions-nous ne pas avoir à en pleurer très prochainement !... O Pélissier, où es-tu ?

Quel peuple de voleurs ! voleurs pratiques surtout ; nous venons d'avoir la preuve que les flanelles, les caleçons de laine, les bonnets, etc., envoyés par des comités français, belges, hollandais, suisses, pour nos prisonniers, sont correctement distribués aux soldats allemands qui partent journellement pour la France. — Je m'en étais bien douté et je faisais moi-même la distribution aux soldats en corvée ; ce système va devenir la règle pour tous. — Herr Huberty est un brave homme ; ce matin, il m'a fait assister, à quatre heures, au départ d'un détachement de soldats originaires de Cologne ; la chose se fait secrètement pour éviter les déchirements de la séparation ; les femmes et les enfants de ces pauvres diables les suivent, en effet, depuis trois jours, dans les rues, aux casernes, aux magasins d'habillement... L'enthousiasme s'éteint, la fatigue s'empare de ce peuple et la misère devient effroyable. Si nous pouvions *durer* encore quelques mois, ce serait peut-être le salut.

Les familles devaient faire les adieux à dix heures ce matin, à la gare ; quand elles sont arrivées, on leur a annoncé que, par télégramme, l'heure a été avancée. Il fallait entendre les cris et les gémissements, réprimés aussitôt par un simple policier.

Ce matin, à quatre heures, au départ, il y avait 22 degrés au-dessous de zéro ; ces *landwehr* grelottaient et bien des visages étaient mouillés de larmes ; un gros homme, appuyé sur son fusil, reconnut sans doute ma figure française, car il me dit en ricanant : *Nach Paris* (vers Paris) ; je ne trouvai que deux mots à lui répondre : *Um sterben* (pour mourir) ; il resta cloué, et Herr Huberty m'entraîna ; j'étais vengé.

Des voyageurs de commerce du Luxembourg et de la Belgique nous apportent des journaux et, chose précieuse, *du tabac de France.*

C'est un des petits bonheurs de notre triste existence. Je conserve le numéro d'un journal qui relate la situation de Metz au 3 novembre ; la voici :

L'*Écho du Luxembourg* a reçu de personnes revenues récemment de Metz les détails suivants sur la situation de cette malheureuse localité et de ses environs :

« Partout où les Prussiens ont passé, ils ont enlevé tout ce qui était transportable, à commencer par le bétail, les chevaux, les grains, les fourrages, le mobilier de valeur, les couchages, le linge, etc. Nous n'entendons pas récriminer : c'est, à ce qu'il paraît, le droit de la guerre.

« Le département de la Moselle, d'après le dire de personnes très honorables, est ruiné pour vingt ans ; les vignobles sont détruits pour la plupart et ne pourront produire d'ici à six ans ; tout ce qui existait de vins dans les villages a été bu ou perdu.

« Là où se sont livrés ces terribles combats des 14, 16, 18, 25, 31 août, 1er septembre et 7 octobre, les habitations, les jardins sont ruinés ; autour de Metz, les belles avenues qui ornaient les routes, les chemins, sont coupées ou déchirées.

« Tous les beaux jardins d'agrément, toutes les jolies villas des environs de Metz ont été rasés, leurs plantations coupées ; c'est un spectacle navrant, non seulement à Montigny, au Sablon, à Plantières, à Queuleu, au ban Saint-Martin, à Devant-les-Ponts, mais même sous les forts de Queuleu et de Saint-Julien. Les belles fermes de Saint-Ladre, de Saint-Thiébaut, sont brûlées ; les châteaux de Mercy, Pouilly, Grimont, Villers-l'Orme, Montoy, Colombey, les belles habitations de Flonville sont dévastées ; le château de Ladonchamps, ceux de Crépy, de Pouilly, de Peltre, sont en ruines ; dans l'intérieur de la ville, les arbres des promenades sont déchirés par les chevaux qu'on a fait bivaquer au jardin d'Amour, au jardin Fabert et en plusieurs endroits de l'Esplanade. Tel est le bilan très succinct des dévastations.

« A la date du 3 novembre, il se trouvait encore dans Metz 22,000 *blessés et* 3,000 *malades répartis dans* 52 *ambulances, sans compter l'hôpital militaire.* »

18 *décembre*. — La neige tombe à gros flocons ; la température reste encore à 17 degrés au-dessous de zéro ; des corvées de Français déblaient les rues, sous la surveillance de soldats, le fusil chargé ; tout semble lugubre ; il n'y a plus de résonnance sur cette terre ouatée, la voix est terne, les cloches sont fêlées, le cœur lui-même semble avoir cessé de battre comme à l'ordinaire, et nous sommes ici dans un bien-être relatif, quand de braves Français, soldats d'occasion, se battent pour l'honneur..... Notre épée est suspendue à la tête de notre lit et transformée en épée de chevet, quand elle devrait être au clair sur les rives de la Seine ou de la Loire ; notre parole seule nous rive à cette chaîne ; un officier l'a violée ce matin, et c'est avec une satisfaction marquée que le colonel de Horn nous a annoncé l'événement en ces termes : « Un de vous, Messieurs, M. X..., s'est déshonoré en violant sa parole ; 12 capitaines vont être tirés au sort et iront en forteresse. » Voilà le

système des responsables inauguré. — (Je l'ai connu, ce pauvre capitaine ; il était de Soissons, sans nouvelles de sa femme, de quatre enfants, il devenait fou ; il a été tué à Villersexel. Paix à sa cendre.)

21 décembre. — Bonne nouvelle d'un combat heureux à Nuits : le prince de Bade blessé, 1 général, 13 officiers tués, 29 blessés, 1,000 soldats tués ou blessés... Ce sont ces coquins de Badois qui ont été secoués cette fois. Séparés de nous par le Rhin, ils faisaient avec Strasbourg commerce d'amitié tendre ; la France ayant enrichi ce duché, on pouvait compter sur l'humanité de ses soldats ; mais, c'est la férocité qui s'est fait jour pendant ce cruel bombardement de Strasbourg : tous ces Badois connaissaient la ville, et savaient où il fallait diriger les obus ; aussi est-ce avec joie que nous lisons cet échec de leurs armes.

Pauvre Strasbourg ! lorsque l'Europe transformait ses places fortes en vue des progrès de l'artillerie, quand, dans nos écoles militaires, on travaillait les œuvres de Brialmont et la fortification polygonale, notre génie (malfaisant) s'endormait sur les glacis de Vauban ou de Cormontaigne... Pas une pièce en batterie, et ce boulevard de l'Est, absolument désarmé, était écrasé par des Badois et forcé d'ouvrir ses portes... Il me semble entendre la déclaration de Lebœuf à la Chambre des députés : « Nous sommes prêts ; il ne manque pas un bouton de guêtre. »

(Celui-là, au moins, s'est rendu justice ; il a cherché la mort, qui n'a pas voulu de lui et n'a pris que son état-major. Il n'eût plus manqué à sa honte que des revendications nouvelles et un poste prépondérant à son retour en France ; il y en a tant d'autres qui, après être rentrés sous terre, sont sortis plus orgueilleux que jamais ; celui-là s'est tu, et bien des gens le croient enterré ; le remords l'a rendu presque digne.)

22 *décembre*. — L'organisation de l'instruction de la jeunesse est absolument admirable, et l'on peut se rendre compte aujourd'hui de l'entraînement auquel a été soumise cette nation allemande pour nous infliger ce cruel écrasement. Le soir, je quitte, à sept heures et demie, MM. de Lamothe-Fouquet et Vilmahser pour *mes élèves*. M. Huberty laisse ses cornes de cerf pour surveiller ses enfants et me tenir compagnie. J'ai entre les mains tous les livres, les cartes, les instruments en bois représentant les lettres de l'alphabet, les golfes, les lacs, les montagnes, les rivières, les îles, etc. Tout cela frappe les yeux de cette marmaille, qui est empoignée par ces images et qui les retient sans effort de mémoire... Les cartes, surtout, m'attristent par leur perfection, et je ne puis m'empêcher de sourire en considérant ce qui nous a été remis à Metz, à nous autres officiers, pour suivre les opérations militaires.

Nos cartes d'état-major, gardées sous clef au

ministère de la guerre, presque introuvables en France, circulaient en Allemagne, et l'on était sûr d'en trouver un exemplaire sur le cadavre d'un officier prussien ou d'un sous-officier bavarois, à cette seule différence qu'elles étaient à jour, c'est-à-dire augmentées des voies ferrées nouvelles, des canaux, des défrichements, quand les nôtres, portant la date de 1843, par exemple, étaient restées en l'état primitif.

Les cartes des environs de Paris affichées chez les libraires et portant les petits pavillons indicateurs des positions occupées par les armées opposées sont admirables de clarté, sans être encombrées de ces hachures idiotes qui, chez nous, les rendent illisibles... Ah! bureaux, bureaux maudits! directions stupides! triomphe des ronds de cuir! conservateurs de vieilles rapsodies et de livres moisis! charançons du budget! riz-pain-sel! comités de ramollis! quel mal vous nous avez fait! quel coup de balai à la rentrée, si nous avons le courage de reconnaître notre aveuglement et notre sottise.

L'instruction obligatoire existe ici ; il y a même la discipline obligatoire dès l'enfance, résultant d'un système de casquettes d'une simplicité pratique à retenir : chaque classe porte une casquette d'une couleur spéciale ; les professeurs, les surveillants n'ont pas besoin de chercher les visages dans la foule ; ils reconnaissent d'emblée leurs élèves à la couleur de la coiffure ; ces derniers se réunissent instinctivement, se mettent en rang, marchent ensemble pour aller à l'école, y arrivent presque en corps, bien que recrutés aux quatre coins de la ville, et la sortie est moins tumultueuse que chez nous. Herr Huberty a sept casquettes de gamins accrochées aux cornes de cerf de sa boutique ; il y en a une rouge, une verte, une blanche, une jaune, etc. Chacun va à la sienne sans hésiter, et, comme ils sont nés à un an d'intervalle, les plus petits contemplent avec respect le couvre-chef amarante de l'aîné, qui est déjà un *grand*. Un des avantages de ce système consiste à signaler les polissons et à les faire découvrir facilement, la couleur de la casquette étant un indice.

Ces habitudes, prises dès l'enfance, font de la nation allemande un peuple discipliné ; aussi, étions-nous gênés de prime abord par nos habitudes françaises, qui font de la liberté, et même de la licence, un besoin de nature.

Prendre sa droite dans les passages, sur les ponts, nous paraissait monstrueux, il a bien fallu y venir, le polizéi nous rappelant au règlement. Nous nous sommes rendu compte, par la suite, de l'ordre qui préside aux manifestations populaires ; tout marche militairement, les femmes comme les hommes : aussi les Allemands se moquent-ils sans scrupule de notre *carrefour des Ecrasés*, qui a toujours amusé Herr Vilmahser, pendant son séjour à Paris. — Préconiser ces habitudes dans notre pays serait contraire à notre tempérament ; mais c'est à ces petites choses qu'il faut attribuer cette discipline admirable, qui est une des causes du triomphe militaire de la nation qui nous écrase méthodiquement, sans héroïsme, mais sans faiblesse, avec un manque absolu de générosité chevaleresque.

23 décembre. — Noël ! Hélas ! ce n'est pas un cri de joie qui retentit ; nos ennemis, eux-mêmes, sont consternés, car cette grande fête de l'Allemagne, qui devait être célébrée *à la rentrée de l'armée chargée de lauriers*, sera morne et désolée dans bien des demeures. M. de Lamothe-Fouquet nous fait un tableau, qui ne saurait nous déplaire, des misères et des deuils de cette guerre gigantesque... « Quelle ténacité ! quelle différence avec la guerre de 1866 ! Cette résistance désespérée d'un peuple désarmé excite l'admiration du monde entier ; l'Allemagne est forcée de se dire : que serait-ce si la France avait prévu cette guerre et s'y était préparée ?

« Sedan avait jeté un éclat extraordinaire sur nos armes ; Sadowa n'était qu'une plaisanterie ; on avait cru à la paix, à une de ces paix glorieuses comme Napoléon Ier en avait inscrit deux dans sa carrière de héros... ; il faut en rabattre ; nous avons en France *onze cent mille hommes*, bien commandés, aguerris par cent combats, et ils ne peuvent venir à bout de soldats d'occasion, mal conduits, mal armés, à peine vêtus, presque sans officiers et sans artillerie... »

Voilà ce que pensent les gens sensés en Allemagne ; et l'*Histoire de France* enregistrera sans rougir cet écrasement d'une nation se battant pour l'honneur, quand elle a cessé de combattre pour la victoire.

Une nouvelle grave se répand dans la ville : un ballon, monté par trois Français, vient de tomber près de Deutz ; les malheureux sont presque morts de froid ; ils seront fusillés demain.....

Est-ce possible ? Cette guerre prendrait-elle un caractère de férocité aussi honteux ?... N'est-ce pas assez de bombarber les villes sans s'occuper des fortifications, de tuer des femmes et des enfants en tirant dans le tas ! Quel dommage ont donc causé à l'Allemagne ces trois Français s'enlevant de Paris pour fuir la faim peut-être, ou pour dire à l'Europe l'infamie d'un vainqueur sans merci?

24 décembre. — Le colonel de Horn, à l'appel de ce jour, a confirmé la nouvelle ; mais on n'a trouvé aucun écrit ; ces braves gens ont tout jeté ; certainement, on ne peut les assimiler à des espions : ils iront seulement en forteresse, *s'ils survivent*.

(Partir de Paris à minuit, en ballon, sans savoir si on tombera dans la mer ou dans les bras des Prussiens, voilà un genre de courage inédit jusqu'à ce jour et que revendiqueraient, à coup sûr, les cœurs les plus fermes et les âmes les mieux trempées ; il s'est trouvé cependant des idiots pour reprocher à Gambetta sa sortie de Paris dans ces conditions.)

Je ne quitte plus mon pauvre ami Renaud, que je cherche à rassurer sur le sort de sa maisonnée ; il ne veut rien entendre et répète sans cesse : « Je ne trouverai plus personne ; mes deux malheureux petits êtres à peine entrevus, comment les nourrir ? Et ces femmes d'employés allemands, on dirait qu'elles savent ma position, elles m'assassinent de ces mots : *Alle kinder sind getodt*. (Tous les enfants sont morts.)

(Que le lecteur se rassure : le commandant Renaud a trouvé tout son monde vivant ; par une sorte de pressentiment, comme seules en ont les mères, sa femme avait acheté en octobre une grosse caisse de biscuits de Reims qui a nourri et sauvé les deux jumeaux.)

Chose bizarre dans les situations les plus tristes, il y a parfois une note gaie ; ce sont des jeunes institutrices allemandes qui nous l'ont fournie.

Chaque matin, en allant à l'appel, j'étais forcé de passer devant un magasin de confiserie ; on connaissait l'heure apparemment, car j'étais salué régulièrement par le père d'abord, qui disait, en me regardant : *ein schwein* (un cochon), puis par la mère, répétant en sourdine, et enfin par les deux douces jeunes filles, faisant chorus en fausset.

La moutarde commençait à me monter au nez, surtout depuis que Renaud me prend en passant devant la maison Huberty ; or, ce jour-d'hui, nous voyant deux, le confiseur et ses filles avaient modifié le salut en mettant *zwei* au lieu de *ein* ; cela faisait alors *deux cochons* ; je m'arrêtai, et, levant mon chapeau, je ripostai par ces mots : *ein dumme und drei hüre* (une brute et trois p...). Jamais plus nous ne revîmes cette intéressante portée de Germains ; du plus loin qu'ils nous voyaient venir, ils rentraient dans leur bauge.

Herr Huberty, H. Vilmahser et M. de Lamothe-Fouquet rirent bien de l'aventure et la contèrent par la ville ; il paraît que les jeunes filles étaient, avant la guerre, institutrices en France ; voilà comment elles nous savaient gré de notre hospitalité ; c'est, du reste, un fait reconnu, même en Allemagne, l'institutrice qui vient s'asseoir à notre foyer, entend tout, observe tout, et quand Dorothée écrit à Hermann, elle n'omet jamais le renseignement obligé *sur l'ennemi héréditaire...!*

1er *janvier* 1871, — 23 degrés au-dessous de zéro. Quelles étrennes ! et nos pauvres soldats prisonniers, à peine vêtus ; Paris affamé ; « tous les enfants y meurent », disent ces grandes femmes allemandes, en nous regardant d'un air cruel ; aux dépêches, cette phrase idiote et barbare : « Nous envoyons aux Parisiens des dragées de 100 kilos pour leurs étrennes. » Partout ce cri : « Paris, *capout ; Frankreich, capout ;* la grande nation, *capout !* » Être battus par de pareils imbéciles.....

Oh !... c'est à travers mes larmes que j'écris ceci : « Vingt soldats français, zouaves, fantassins, cavaliers en guenilles, attelés à une voiture chargée de sacs de farine, bleus de froid, tremblant la fièvre, escortés par des soldats prussiens, le fusil chargé ; un mot, et ils recevront un coup de crosse ; un geste, ce sera un coup de baïonnette ; et ce sont cependant les soldats de ces batailles de Metz qui ont terrifié nos ennemis ; ce sont ces braves gens qui nous ont conservé nos épées que l'on transforme en bêtes de somme... Paris *capout !* ce cri me poursuit sans cesse. La grande ville serait-elle prise ? Voilà la foule qui s'amasse aux affiches. Séchons nos larmes que les Allemands ne doivent pas voir, et commençons le pèlerinage à Deutz. »

Ce pèlerinage journalier consistait à aller se placer sur le pont du Rhin où passaient les détachements de prisonniers français casernés à Deutz et venant en corvée à Cologne. Les sentinelles distraites par le fleuve et certaines de ne pas voir leurs prisonniers s'échapper, on pouvait glisser un mot à ces derniers, parfois une pièce de monnaie, une ceinture de flanelle, un caleçon, un bonnet de coton ; le casque à mèche était surtout recherché, et on en bourrait ses poches. « Courage, mes amis, disait-on en passant ; courage, les Parisiens vont sortir en masse... » Et un éclair de joie brillait dans le regard de ces braves... Combien sont morts, hélas ! avant d'avoir revu la France ! combien sont morts tués par des balles françaises, pendant cette horrible guerre de la Commune qui restera comme une honte éternelle sur le front de la patrie !

Reprenons le journal :

11 heures, soir. — « Les Allemands sortent des brasseries et chantent en chœur la gloire de la grande Allemagne, et toujours ce cri : Paris, *capout !* Paris, *capout !*

« Que le ciel écrase les misérables qui, par leur imprévoyance, nous ont mis dans cette situation. Les sanglots me serrent la gorge. Pourquoi ne suis-je pas mort devant Metz avant l'entrée des Prussiens ?...

« Enfin, je me suis dégonflé en poussant à travers la bise glacée un cri formidable de : *Es bébé Franckréisch* ! (vive la France !), en réponse aux clameurs d'une bande d'ivrognes. — Ils cherchent d'où est venu cet outrage aux vainqueurs... Demain, peut-être, serai-je coffré. — C'est égal, j'étouffais; il me semble que je vais dormir. »

6 janvier. — Une lettre de mon ordonnance, qui me souhaite une bonne année et me compte ses misères à Oldenbourg... Pauvres gens ! dans des baraquements en planches, par 28 degrés au-dessous de zéro, à peine vêtus et nourris tout juste assez pour ne pas s'éteindre. Aussi mon pauvre Grégoire m'annonce-t-il la mort de plusieurs de mes braves voltigeurs, si vaillants, si disciplinés, si robustes au départ de Paris, et aujourd'hui anémiques, à la suite des souffrances du blocus de Metz et des privations de la captivité. A chaque bataille livrée sous Metz, je faisais désigner Grégoire pour la garde du camp ; il avait mes instructions en cas d'accident ; mais, au plus fort de la bataille, je trouvais toujours derrière moi ce vieux soldat, confus de sa désobéissance et muet devant mes jurons et mes reproches...

Qu'est-ce que vous f..... ici ? — Pour voir..., répondait-il en tremblant, et il tiraillait comme un sourd, tout en visant bien.

Mon pauvre lieutenant est à Kœnigsberg et me demande si je puis lui prêter 20 fr... Quelle misère ! Le fait est qu'ici bien des officiers se serrent le ventre ; l'un d'eux, un lieutenant de dragons, long de deux mètres, avait perdu son porte-manteau en chemin de fer, et était arrivé à Cologne avec sa petite veste verte, ses culottes, ses bottes et son képi ; par un froid de 20 degrés, il circulait à grandes enjambées, les mains dans les poches, bleu de froid, au grand ébahissement des naturels ; des offres de service lui furent faites par des camarades, par M. de Lamothe-Fouquet surtout ; jamais il ne voulut rien accepter. Enfin, hier, je le rencontrai en ville avec un gros paletot et une petite femme grosse comme le poing, la sienne ;

elle était parvenue à le trouver, grâce aux adresses données par l'*Indépendance belge*, et il fallait voir comme elle se suspendait *à sa main*, la pauvrette, car le bras était trop haut. Ce couple est devenu légendaire ; il impose le respect, même aux Allemands, par sa dignité dans l'infortune.

Pourquoi ne pas l'avouer ? Il y a malheureusement des exceptions à cette attitude honorable de nos officiers.

Certains d'entre eux, qui devaient rester caporaux ou sous-officiers, s'étaient trouvés bombardés sous-lieutenants par la force des événements, à la suite des immenses hécatombes des batailles de Metz ; braves devant l'ennemi, leur éducation ne les avait pas armés pour ces épreuves de la défaite ; bruyants, presque gais, dans ces brasseries allemandes, si différentes des nôtres, ils donnaient le triste spectacle d'un égoïsme brutal, étranger à toute idée de patrie.

D'autres, plus coupables encore, et sans

Le couple légendaire (captivité).

excuse, menaient une existence luxueuse, *faisaient de l'épate* à cheval, en voiture, au théâtre, aux concerts, quand la masse se renfermait dans ses demeures pour y suivre anxieusement, sur des cartes et dans les journaux, la marche des conquérants. Il y avait, entre autres, un capitaine d'état-major dont le nom et le grade s'étalaient sur les affiches des concerts donnés au profit des blessés *allemands ;* le deuil de la France n'était rien pour ce pianiste, qui s'est fait entendre depuis sur des scènes françaises ; les applaudissements des Prussiens l'empêchaient là-bas d'entendre le bombardement de Paris, et ce soldat, à fond vaseux, a fini flétri par un vice immonde.

7 janvier — Le bombardement est, paraît-il, inefficace, c'est ainsi que le qualifient les Allemands eux-mêmes ; ne servirait-il qu'à masquer un mouvement contre l'armée de Chanzy, pendant que Manteuffel se rabattait sur Evreux pour l'attaquer sur son flanc gauche ?... Pourvu qu'une sortie des Parisiens éclaircisse bientôt cette situation grosse de dangers ! Et ce camp de Conlie, où en est-il ? Vers le nord, il n'y a plus qu'un rideau à Bapaume ; en avant, Faidherbe ! au risque de te faire écraser, car tout l'effort va tomber sur l'armée de la Loire... Trochu, que fait-il ? des discours pour sûr... C'est peu.

13 *janvier.* — L'armée de la Loire est en retraite, pour ne pas dire en déroute ; Frédéric-Charles est au Mans... Tout s'écroule, et, honte suprême ! le roi de Prusse va être proclamé empereur d'Allemagne dans le palais de Louis XIV ; c'est devant le grand roi stupéfié que vont défiler les hordes de Germanie acclamant le nouvel empereur, et c'est la sottise de l'empire qui nous vaut cet outrage... Quelle revanche d'Iéna !

Je trouve cependant un journal de Vienne, le *Kladeradatsch*, qui accueille cette nouvelle d'une étrange façon :

Une image de Guillaume, portant sur sa tête la couronne de Charlemagne, et cette légende :

Dieser kopfist zù klein fùr diese grose kron (cette tête est trop petite pour cette grande couronne). Pas aimables ces Autrichiens, ils ont encore Sadowa sur le cœur ; imbéciles ! ils n'avaient qu'à se lever contre la Prusse après Sedan.

14 janvier. — La tenue des troupes allemandes est d'une correction remarquable, elles sont exercées du matin au soir sur cette place de Neumarck où se trouve la caserne dans laquelle nous allons chaque matin répondre à l'appel ; nous constatons la solidité du fourniment, la coupe des effets, la qualité du drap, etc., etc., et nous nous demandons dans quelles proportions scandaleuses les fournisseurs de notre armée doivent encaisser de bénéfices. Quelle camelote chez nous que ces havresacs, ceinturons, gibernes, bidons, souliers, casquettes, etc., hors de service après quinze jours de campagne !... Après cela, rien dans les magasins, et une nation comme la France forcée de demander au monde entier ses rossignols pour habiller, chausser et armer ses soldats. J'entends encore M. Rouher disant avec emphase : « *Sire, la France est prête...* » Oui, prête pour le sacrifice de son sang et de son honneur militaire.

19 *janvier*. — Encore une défaite... Si la dépêche se confirme, Bourbaki serait en pleine retraite et le salut de Belfort compromis ; quoi qu'il en soit, un vent d'adversité souffle plus violent que jamais, la retraite du Mans se transforme en déroute, et cette armée dispersée sera forcée de chercher un refuge dans les ports du littoral.

Pendant que tout s'écroule dans notre patrie, nous sommes ici à ne rien faire ; les gares regorgent de policiers, les grandes routes sont parcourues par des cavaliers, nos prison-

niers ne paraissent plus en ville, et les abords
de leur camp sont sévèrement gardés ; ces coquins, qui vont incendier Paris, semblent
redouter des représailles de notre part en
Allemagne même...

Je quitte la maison Huberty.

.   .   .   .

(Le 20 janvier, en effet, je quittai la maison
Huberty, pour aller habiter dans une immense
maison où nous étions quatre officiers, dont
un colonel de dragons. Avais-je à me plaindre
de ces braves gens d'Huberty ? Non ; jamais
leur délicatesse ne s'est démentie, et c'est pré-
cisément pour cela que je voulais les soustraire
à un danger terrible, celui de l'incendie de
leur demeure. Depuis quinze jours, les nouvelles de France avaient affolé un grand nombre d'entre nous ; cette inaction nous paraissait
criminelle et, en prévision de l'incendie et du
sac de Paris, des idées de représailles ger-
maient dans nos cervelles malades. Nous ap-
provisionner de pétrole, nous armer tant bien

que mal, nous entendre surtout avec nos camarades des autres villes, et, avec nos soldats, faire flamber nos demeures pendant la nuit, à la même heure, dans toute l'Allemagne, profiter du désordre pour délivrer nos soldats, piller les armes, les munitions et ensanglanter à notre tour toute la Germanie : telle était la folie gigantesque dont le programme a reçu un commencement d'exécution... Des voyageurs de commerce belges, luxembourgeois, français, anglais, etc., nous aidaient en transmettant à nos amis, jusqu'au fond de l'Allemagne, le plan de la conspiration qui devait éclater dans la nuit qui suivrait l'entrée de Guillaume à Paris.

Chose bizarre, aucun d'eux ne nous a trahis. Je ne sais combien d'entre nous se seraient trouvés debout pour la patrie, à l'heure solennelle ; mais je suis persuadé que l'embrasement de Paris eût été le signal de nombreux incendies de Cologne à Spandau, de Dresde à Dantzig ; tous les officiers de l'armée de Metz avaient leur épée ou leur sabre et leur revolver ; bien d'autres s'étaient munis de revolvers et de munitions belges ; les garnisons étaient insignifiantes ; une vaste insurrection pouvait réussir et forcer l'armée allemande à rétrograder pour combattre cet ennemi mortel, l'attaquant sur ses derrières *avec* 300 *mille hommes.* Rêverie, soit ! mais rêverie de patriotes affolés qui a rendu sérieux bien des visages à Cologne, même après notre départ.

Herr Huberty a compris alors pourquoi j'avais quitté sa demeure hospitalière, car les prétextes que j'avais mis en avant n'avaient pas eu le don de le convaincre...

Le colonel de dragons, à qui je parlais souvent de nos préparatifs, ne désapprouvait pas ; au contraire, il y venait même, tout en envisageant de sang-froid les graves responsabilités de l'aventure...

Hélas ! ce ne sont pas les Allemands qui ont brûlé Paris, ce sont des Français ; tout arrive dans notre pays : l'héroïsme y coudoie la lâcheté ;

la haute raison marche côte à côte avec la folie, et la trahison y a parfois droit de cité.

20 janvier. — L'armée de Bourbaki est forcée d'entrer en Suisse; des fuyards arrivent journellement sur ce territoire neutre. — Encore un insuccès au Nord, et, cependant, on lutte toujours; voilà quatre fois que cette armée de Faidherbe tente la fortune; il y a ici une fatigue générale qui s'affirme par l'absence de toute illumination et de bannières aux fenêtres. — On ne croit plus aux victoires, c'est la paix (*friede*) que l'on demande à grands cris, c'est la paix seule qui sera fêtée désormais. — La *Gazette de Cologne* nous insulte: donc elle est furieuse de cette résistance inattendue.

24 janvier. — Chaque jour apporte son deuil; Paris, à son tour, a subi son échec et, à part la destruction du pont de Fontenoy, près Nancy, qui consterne les Allemands, tout s'assombrit; le dénouement approche; l'*Indépen-*

dance belge l'annonce comme très prochain. France! France!! Décidément, nous pouvons dire à notre tour : Dieu est trop haut, la Russie est trop loin.

Un orgue de Barbarie joue sous mes fenêtres les *Diamants de la couronne, le Pré aux clercs,* cet air si touchant : ; « Rendez-moi ma patrie, ou laissez-moi mourir » ; le *Domino noir* aussi... Ce doit être quelque déserteur français qui nous apporte cette musique, qui a bercé nos jeunes années et qui nous arrache des larmes.

Et je lis dans le journal ces vers si frais de Gérard de Nerval :

> Les belles choses
> N'ont qu'un printemps :
> Semons de roses
> Les pas du temps.

Comme cette note détonne en ce moment sinistre !

25 janvier. — Cette famille Huberty me manque beaucoup pour passer mes soirées, car il faut être rentré à neuf heures du soir, sous peine d'incarcération ; je trouvais presque des amis dans cette vieille grand'mère, un vrai gendarme, et ce brave fabricant de tuyaux de pipes ; les enfants, respectueux et pleins d'attentions, travaillaient avec tant d'ardeur que c'était plaisir de les diriger en modeste maître d'école ; la grand'mère les couche suivant leur âge, et la retraite commence à sonner à huit heures pour les tout petits, quand la *casquette amarante* veille jusqu'à onze heures. La prière se fait à huit heures pour tous dans cette famille protestante ; en gens pratiques, elle est courte : le *Pater* et quatre lignes pour « *Die tapfere soldaten* » (les braves soldats qui combattent pour la patrie), et c'est tout ; cela ne fatigue ni la mémoire ni les culottes de ces bambins agenouillés sous l'œil grand-maternel.

25 janvier. — Démission de Trochu! Ouvertures pour la capitulation. La guerre civile a montré sa tête hideuse ; c'est la conséquence fatale de la faiblesse du 31 octobre... Il n'est pas sorti un caractère pendant ce siège mémorable ; les femmes seules se sont trouvées à la hauteur des circonstances, souffrant sans se plaindre, faisant queue à la porte des boulangeries, par la pluie ou la gelée, pendant que les hommes s'entassaient dans les cabarets pour criailler et boire des boissons frelatées. Il en est même qui ont rêvé le pouvoir en s'appuyant sur la lie de la population ; les socialistes ont étouffé la République en 1848, les communeux vont l'étrangler en 1871... Qui sait si, après être restés ici sans combattre pendant 4 mois, nous n'allons pas reprendre le mousquet pour nous battre contre des... Français, sous les yeux des Allemands stupéfiés !...

Un succès de Garibaldi. La dépêche annonce la perte d'un drapeau prussien ; il se souvient, au moins, ce vaillant aventurier qui combattait à nos côtés sur le lac de Garde ; mais cette

Italie... « qui doit étonner le monde par son ingratitude », elle rêve l'annexion de la Savoie, de Nice et de tout le littoral jusqu'à Marseille.

27 janvier. — Une solution, quelle qu'elle soit, plutôt que cette incertitude, car l'armée de Bourbaki est en pleine déroute, forcée de franchir la frontière et de se réfugier en Suisse... Quel châtiment! Bourbaki, le brave, abandonnant sa garde à Metz pour aller faire de la politique en Angleterre... *Roulé* par les Allemands, qui redoutaient sa présence au dernier moment, il a commis cette faute impardonnable pour un soldat de subordonner son devoir militaire à la sauvegarde d'intérêts dynastiques peu avouables; c'est cette pensée ou plutôt ce remords qui a armé son bras contre lui-même.

28 janvier. — Rien d'officiel encore, mais des nouvelles graves qui traversent rapidement l'espace; une tentative de Flourens, sa mort; l'émeute qui gronde; l'Allemand qui s'installe sur les collines pour voir brûler Paris incendié par des Français...

29 *janvier*. — Des drapeaux partout, des préparatifs pour l'illumination ; les Allemands sont dans les forts ; l'effort du 19 était donc le dernier. Il paraît que notre armée, se portant de Saint-Denis sur le Mont-Valérien, s'est perdue dans le brouillard du matin et n'a pas su se concerter avec le corps parti de Boulogne ; l'ennemi se moque de nous, de notre état-major incapable, de nos cartes stupides...

Impossible de rester en ville, fuyons au loin ; cette nuit claire permet de se soustraire à cette joie, à ce bruit de toute une population heureuse de voir la fin de cette guerre atroce qui pouvait amener des surprises. L'armée allemande entrera-t-elle dans Paris ? défilera-t-elle sur les boulevards ? Qu'arrivera-t-il alors ?... Ici, *nous sommes prêts.*

30 *janvier*. — Enfin, cette journée est ter-

minée, j'ai vu aussi la fin de cette nuit atroce, illuminée au loin par cette fête de la ville de Cologne.

Le dôme resplendissait, comme, jadis, le dôme de Milan, après Magenta ; l'horizon était empourpré de ces lueurs qui rappelaient l'incendie de Sébastopol et de la flotte russe, après Malakoff ; le bruit majestueux du Rhin, roulant ses énormes glaçons, couvrait ma voix lançant dans l'espace mes plaintes et mes imprécations..... Jamais le souvenir de cette horrible nuit ne s'effacera de ma mémoire.

Je trouve dans l'*Indépendance belge* ces vers récités le 23 janvier 1871, au Théâtre-Français, pour l'anniversaire de Molière :

> Ce n'est plus Paris souriant et sceptique
> Qui va fêter Agnès, Alceste ou Scapin... Non !
> C'est Paris prisonnier, meurtri, blessé, stoïque,
> Qui fête le génie au bruit de leur canon.
> Vous disiez que Paris appartenait au monde,
> Stupides nations ! Paris est bien à nous.
> Nous le sentons enfin à la haine profonde
> Qui, mieux que nos remparts, nous sépare de vous.

2 *février* 1871. — Quelles conditions de paix! « *la ligne de Moltke* » telle qu'elle était tracée sur toutes les cartes allemandes avant la déclaration de guerre. On était tellement sûr de notre infériorité, que la victoire, escomptée d'avance, était tarifée à tant pour le territoire et tant pour l'argent à recueillir. Stoffel avait osé le dire. Cependant Bourbaki, lui-même, avait élevé la voix en 1866, à propos de notre armement insuffisant ; mais ces sages avis étaient étouffés par cette clique infâme assise sur les marches du trône, qui ne voulait pas être distraite de ses saturnales.

La garde impériale voyait avec terreur cette quiétude, cet aveuglement, et jamais je n'ai entendu ailleurs de plus sévères appréciations ; mais c'était une fatalité inexorable qui conduisait cette dynastie à la ruine, et la nation elle-même devait être entraînée dans la catastrophe.

Voilà donc Metz prussien, Metz qui a vu s'écrouler sous ses murs, en 1553, la fortune de Charles-Quint ! Un Napoléon perd, par son imprévoyance, cette Alsace de Louis XIV et cette Lorraine de Henri II, qui fournissaient à notre armée ses plus vaillants soldats... Il va falloir verser dix milliards, le quart de la fortune de la France, le résultat du travail de vingt années ; voir, pendant cinq ans peut-être, le sol de la patrie souillé par ces garnisaires teutons, assis à notre foyer, buvant notre vin, insultant à notre défaite... Ah ! les heureux sont ceux qui ne sont plus ! Honte sur moi-même, qui vis encore !

13 février. — La France se meurt : je ne puis plus écrire... mes pensées se heurtent sans cohésion et des touffes de cheveux gris argentent mes tempes, comme si un feu intérieur en avait tari la sève ; — en me reportant aux souvenirs de mon enfance, j'entends encore la voix de mon père, pris à Leipsig, me contant les douleurs de sa captivité sur les rives du Dniéper ; ses angoisses en apprenant que toutes les armées de la coalition se ruaient sur la France, la rentrée à Grenoble, où il trouva un colonel de vingt-sept ans, retour de Coblentz et une pléiade de noblaillons revenus à la suite des envahisseurs. — Brigands de la Loire ! telle était l'appellation usitée pour ces braves qui avaient porté le drapeau français dans toutes les capitales de l'Europe... Comment vont nous baptiser ces communeux au drapeau rouge, lâches devant les Allemands, qui ne retrouvent quelque énergie que pour fomenter la plus abominable des guerres civiles ? (C'est capitulards que l'on nous appela à notre retour, comme si Paris n'avait pas capitulé avec ses 350,000 hommes en armes.)

25 *février*. — Comment ! Paris est désarmé ! les Allemands dans les forts !... Mais alors, si les conditions sont inacceptables, ces gens tiennent Paris sous leurs pieds... Ils vont être appelés peut-être par la population pour résister à une insurrection formidable... On dit que Prussiens et commu-

neux sont au mieux. Où s'arrêtera notre honte !...

1er *mars* 1871. — A cette heure (deux heures), les Prussiens sont à Paris ; ils ont passé sous l'Arc de Triomphe en poussant des hurrahs ; leurs régiments campent aux Champs-Elysées, les chevaux boivent sous le pont d'Iéna, l'ombre du grand empereur a tressailli dans son cercueil, les Allemands demandent que l'armée puisse défiler devant les Invalides... Après tout, ils sont dans leur droit ces victorieux ; Napoléon Ier a bien violé le cercueil du grand Frédéric et y a pris son épée...

2 *mars*. — Déception pour les Allemands, consolation pour nous, qui pouvons leur dire : Vous n'avez pas osé traverser Paris ! Les Prussiens pur sang sont furieux ; il fallait faire passer sur les boulevards toute l'armée allemande et mettre Paris à sac si un seul coup de feu était tiré sur elle ; les sages, par contre, approu-

vent l'abstention, mais ils sont en petit nombre. Quant à l'annexion de l'Alsace et de la Lorraine, elle est blâmée par le plus grand nombre... « C'est la guerre encore pour nos enfants, disent-ils ; la revanche d'Iéna est assez complète ; on pouvait rester manche à manche, tout en prenant beaucoup d'argent et nous ruinant pour cinquante ans. » Ces réflexions ont cours publiquement , elles sont inspirées par le bon sens qui caractérise ce peuple froid, que la gloriole ne grise pas outre mesure. Il y a dans toutes les classes un sentiment de satisfaction qui domine tous les autres : c'est que la guerre est finie ! Ce seul mot : *Friede* (la paix), imprimé en gros caractères, a éclairé tous ces visages assombris et inquiets ; chacun le répète avec satisfaction, en y ajoutant avec complaisance ce mot caractéristique : *Fiel geld !* (beaucoup d'argent) ; c'est une pluie d'or, en effet, qui va tomber sur ces pays moins riches que le nôtre ; on suppute déjà ce qui pourra en revenir à chacun. Hélas ! toutes nos économies transportées en Allemagne... Jolie prospérité, par ma foi, que ce règne de dix-huit ans aboutissant à cette catastrophe !... Puisse ce peuple victorieux reconnaître bientôt que le nouvel empire, fondé sur les ruines de la France, est bâti sur l'argile ! Puisse-t-il apprendre comme nous ce que coûte un empereur quand une nation s'abandonne !

8 mars 1871. — On vient de mettre en liberté les pauvres officiers enfermés comme *responsables* ou plutôt comme otages ; cela indique notre départ prochain... Enfermés à Deutz, dans une vieille caserne pleine de vermine, nourris comme le soldat, couchés sur des paillasses sordides, privés de leur correspondance, ces malheureux avaient l'autorisation de se promener une heure par jour, dans une cour infecte, entre deux montagnes de fumier : des soldats prussiens leur crachaient sur la tête, en ricanant, et les protestations restèrent sans effet jusqu'au dernier jour. (Ils se souviennent, ceux-là, quand tout le monde semble oublier ; et, après eux, qui sait si la génération qui vient pensera encore à la revanche ?)

15 *mars.* — On va nous mettre en liberté, dit-on ; chacun pousse un soupir de soulagement. Revoir la France, embrasser les siens, sortir de cette atmosphère lourde qui nous oppresse depuis de longs mois, c'est quelque chose, en effet ; mais si la joie de rentrer en France n'est pas sans mélange pour la plupart, elle est plus cruelle que l'exil même pour celui qui ne retrouvera pas la patrie française au pays où il est né. Me voilà *Prussien...* Il faudra sans doute que je me fasse reconnaître comme Français pour avoir le droit de servir encore mon pays.

Revenir ici l'épée à la main, revoir quelques braves gens comme Lamothe-Fouquet, Vilmahser et Huberty, mais planter nos trois couleurs sur ce dôme de Cologne, voilà l'espérance qui germe déjà dans mon cœur et relève mon courage. J'ai bien étudié ce peuple, il est fort parce qu'il est discipliné ; mais il n'a pas nos qualités primesautières et généreuses ; il a la façade de la bravoure et de la vertu ; mais le corps de logis est vide.

Bien amusante cette fumisterie de la « *vertu allemande* » ! Il y a eu ici, pendant notre séjour pourtant si pénible, des aventures qui pourraient défrayer toute une chronique scandaleuse et dont certes la France n'a jamais fourni d'exemples aussi grotesques, même à la restauration du Roi. Tous les vices de notre civilisation excessive fleurissent dans cette *vertueuse* Allemagne, à cette seule différence que les nôtres ont une élégance relative et un tour léger qui en atténuent la dépravation. Ici, la débauche brutale, et cela, dans tous les mondes.

La gourmandise occupe une large place dans l'existence des Allemandes : les pâtisseries s'appellent des *galanteries*, et Dieu sait ce qu'elles en absorbent dans une journée, en les

arrosant de liqueurs sans noms, qui trouve-
raient mieux leur placement dans ces épaisses
chevelures jaunâtres, tressées, cirées, ficelées,
du plus disgracieux effet.

A côté de ces défauts ou de ces vices, d·
réelles qualités comme mères de famille ou
maîtresses de maisons ; travailleuses, instrui-
tes, pas coquettes, solides, elles nourrissent
toutes leurs enfants, les débarbouillent et
commencent leur instruction ; les nombreuses
familles se tirent d'affaire par leur sobriété et
leurs habitudes laborieuses ; si le pain se fait
rare à la maison, on va le chercher à l'étranger ; de là cet envahissement des pays riches
par ces Teutons, qui nous fournissent en si
grand nombre des employés de banque et de
commerce, des institutrices, des bonnes d'enfants, des espions surtout, mâles et femelles.

L'âpreté au gain est incroyable, tout est à
vendre ; avec deux thalers, on obtenait du
vaguemestre prussien le secret de la correspondance, lorsque toutes nos lettres arrivaient

ouvertes au début de notre captivité ; avec 100 fr., on se serait facilement évadé, si notre parole ne nous avait enchaînés sans restriction, car on eût trouvé, à ce prix, cent personnes pour nous aider...

Peuple à instincts bas, servile ; deux mots français n'ont pas d'équivalents dans la langue allemande, c'est : générosité et courtoisie.

Après bien des péripéties, l'auteur de ces notes, prises au jour le jour, est allé de Cologne au camp de Cavalaire, et delà à Versailles et à Paris, où des misérables osaient jouer le *Canard à trois becs*. Il n'a pu revoir Metz qu'au mois de janvier 1872 ; partout les couleurs allemandes ; des Prussiens, des Bavarois et de la milice de Brunswick dans nos casernes de Coislin, de l'Esplanade, de Chambière ; d'énormes bannières noires et blanches sur les forts, qui n'avaient pas reçu un boulet, et une population atterrée ne pouvant croire encore à son infortune ; la vieille tante m'accueillant par ces seuls mots : « Ta mère est bien heureuse de n'avoir pas vu tout cela ; je vais aller à Châlons, je meurs à petit feu ici ; nos morts seuls m'y retiennent encore ; qu'avons-nous donc fait à Dieu pour être traités de la sorte !.... »

Pendant huit jours, je visitai une dernière fois tous ces lieux où s'était écoulée mon enfance, au milieu d'une famille nombreuse aujourd'hui disparue ; au seuil de la maison paternelle, était un large pavé blanc sur lequel je sautais chaque jour en allant au lycée ; il était toujours là, un peu usé par le temps et la pluie ; il m'attirait ; je n'osais y mettre le pied ; je bondis enfin, comme en 1845, et un flot de larmes inonda mon visage, comme si j'avais foulé aux pieds tous mes beaux jours de jeunesse. Enfantillages séniles, direz-vous ; oui, c'est ainsi que peuvent les caractériser les gens qui n'ont pas subi ces épreuves, épreuves cruelles que je souhaiterais à mon mortel ennemi, à l'Allemand. Le temps ne saurait cicatriser cette blessure, qui s'ouvre le jour, la nuit, sans trêve, sans adoucissement ; j'entends retentir dans le silence de la nuit la cloche du beffroi de la cathédrale de Metz sonnant les heures et la répétition du guetteur ; je vois les coteaux de Chazelles, de Scy, la masse sombre du Saint-Quentin et cette merveilleuse rivière, si gaie, si rapide, qui a donné son nom au département de la Moselle ; c'est elle que je cherche, lorsque, du haut des remparts d'Angoulême je contemple ce pays hospitalier, où l'exilé est venu demander droit de cité; mais rien ne remplace mon pays, ce pays dont je me sens mieux l'enfant depuis que je le vois tant souffrir.

Ce n'est pas tout encore, les morts me manquent aussi ; il y a là-bas, près du champ de bataille de Borny, le cimetière où dorment tous les miens : un peintre, un sculpteur, quatre vieux soldats du premier empire, et jusqu'à un grand-oncle, qui était un de ces vaillants Mayençais du *bataillon de la Moselle en sabots* que saluait avec respect le général

Bonaparte. Que doit penser et souffrir cette pléiade de *chevaliers*, en entendant résonner sur leur tête la botte prussienne et le ricanement sinistre de ces brutes, lisant sur les tombes les noms de Iéna, Friedland, Lützen, etc., où ces braves battirent leurs ancêtres ? Il y a aussi la sainte mère, les tantes, toute la famille...

Triste revirement des choses d'ici-bas : où a passé le père, le fils s'est brisé ; et ce sont nos enfants qui ouvriront de nouveau la voie avec la grande épée de la France forgée à neuf ; pour cela il faut se *souvenir*, car l'oubli, qu'il s'agisse d'amour ou de patriotisme, c'est la mort sans phrases.

CONCLUSION

Aujourd'hui, nous sommes loin de ces jours néfastes ; la France a reconstitué son armée, son matériel, sa nouvelle ceinture de forteresses, et quand on se rappelle dans quel état nous étions en 1871, on est forcé de rendre hommage à l'énergie de notre race et à cette République si vilipendée, qui a su forger à nouveau l'épée de la France. Se recueillir est sage ; il ne faut pas cependant rester indéfiniment dans cette attitude. Sans chercher querelle à notre implacable ennemi, nous n'avons plus à courber la tête devant ses menaces, ni même à venir nous ranger d'un pas docile dans ce fameux concert européen dirigé par le *chancelier de fer*. Vaincu, soit ; vassal, jamais.

Si nous avons encore à travailler pour lutter

avec la certitude du succès, nous avons appris à faire cette guerre scientifique, industrielle même, qui caractérise la stratégie moderne, et nos progrès s'affirment chaque jour ; nous commençons seulement à sortir de ces traditions idiotes qui ont été la cause de nos défaites : l'infanterie, jadis sacrifiée comme recrutement, reçoit aujourd'hui des hommes capables de supporter de longues marches ; sa tenue est plus commode, son équipement plus léger ; l'artillerie a reçu un matériel admirable, la cavalerie ne craint plus de faire suer ses chevaux ; l'état-major, enfin, sort de ses bureaux pour se retremper dans le rang, et, dans un avenir prochain, nous serons à la hauteur de l'armée allemande, qui n'a eu garde, cependant, de s'endormir sur ses lauriers.

Il faut regarder en face *l'ennemi héréditaire*, lui emprunter ce qui peut s'adapter à notre caractère, être modeste surtout, car il s'est montré notre maître par la science, par la discipline, par le dévouement même ; sa bravoure, sans avoir le brillant de la nôtre, s'est affirmée en maintes circonstances avec une froide énergie, dont le corps d'officiers peut revendiquer l'honneur.

L'esprit de solidarité existe au plus haut degré entre tous les généraux; et quand les nôtres attendaient des ordres pour marcher au canon, un simple divisionnaire allemand se campait à Rezonville, en travers de la route de Verdun, pour arrêter notre armée, certain d'avance qu'il serait secouru avant d'être écrasé.

Et ce corps d'état-major, sans cesse en haleine, avec ses deux éternels uhlans si souvent abattus, mais se renouvelant aussitôt pour reprendre notre piste... Et ce service des vivres ! ce service des étapes qui a rendu libre à travers la France la ligne de Paris à Strasbourg ; tout cela doit être admiré sans réserve par l'homme de guerre qui sait combien il faut d'esprit de suite pour arriver à de pareils résultats.

Puisque nous sommes au chapitre des *véri-tés*, à quoi bon nous transformer tous en héros? Il n'y a eu que des *hommes de devoir*: qu'on se le dise bien, le souffle puissant qui souleva nos pères contre l'Europe coalisée, n'a pas eu en 1870 la même intensité. En s'abandonnant à un homme, la France avait abdiqué une part de son énergie en échange d'un bien-être trompeur, et, au jour des grandes épreuves, elle s'est trouvée moralement et matériellement amoindrie.

Honorons la mémoire des morts de la guerre maudite, car le sang des vaincus fait germer les vainqueurs; laissons nos espérances flotter comme des bannières tricolores au-dessus des ruines amoncelées par notre légèreté et notre aveuglement; rappelons-nous ces paroles du grand patriote Gambetta : « il est de ces choses dont il faut se souvenir toujours et ne parler jamais. » Gardons-nous surtout de couler en bronze des médiocrités qui se seraient contentées jadis d'un simple buste au cimetière ; car toutes ces mesquineries de la vanité nous ont fait perdre à l'étranger une partie de notre prestige ; on se rit d'une nation qui se pavoise avec ses désastres plus qu'avec ses victoires ; l'Allemagne elle-même se rassure en voyant ses enfants reprendre en France leurs places dans nos comptoirs, nos fabriques, nos familles, comme si la haine s'était éteinte.

La haine, la *haine sainte !* Voilà ce qu'il faut entretenir dans les âmes, voilà ce que les éducateurs de la jeunesse doivent inculquer à leurs élèves, si nous voulons refaire à la France cette frontière du Rhin si sottement perdue.

Dans toutes les écoles, *la tache noire* doit s'étaler sur les murailles ; les enfants, dès qu'ils pourront épeler le nom de leur commune, apprendront aussi à réciter ceux de Strasbourg, Metz, Mulhouse, Thionville, Colmar, Wissembourg, etc. ; ils suivront sur la carte ce Rhin allemand qui « a tenu dans notre verre », et le jour viendra où cette semence patriotique aura porté ses fruits. Mais il faut aussi réformer notre caractère léger, nous astreindre au labeur patient, comme nos ennemis ont su si bien l'entreprendre après Iéna ; faire des muscles à nos enfants par la gymnastique, des jeunes hommes adroits par les écoles de tir et d'escrime, et surtout des cœurs vaillants par une éducation virile, qui, tout en nous rappelant nos droits, nous dicte nos devoirs.

Alors seulement, nous pourrons voir encore flotter fièrement, suivant la belle expression de Coppée :

…… Les trois couleurs altières
De notre vieux drapeau, sur nos vieilles frontières.

TABLE DES MATIÈRES

TABLE DES GRAVURES

Poitiers. — Typographie Oudin et Cie.

JULES LEMAITRE

IMPRESSIONS

DE THÉATRE

Première Série. — Corneille. — Molière. — Racine. — Shakespeare. — A. Vacquerie. — Murger. — George Sand. — A. de Musset. — Alexandre Dumas fils. — Meilhac et Halévy. — Meilhac. — Gondinet. — Renan. — Tolstoï. — H. Crémieux. — Gyp et la Vie parisienne. — La décoration des comédiens. — Les ballets.

Un joli vol. in-18 jésus, broché. **3 50** — Le même, sur papier vergé. **7** »

Deuxième Série. — Racine. — Voltaire. — Marivaux. — A. de Musset. — Ponsard. — Emile Augier. — A. Dumas fils. — Sardou. — Meilhac. — Georges Ohnet. — Catulle Mendès. — Emile Bergerat. — Alphonse Daudet. — Emile Moreau. — Villiers de l'Isle-Adam, etc., etc.

Un joli vol. in-18 jésus, broché. **3 50** — Le même, sur papier vergé. **7** »

Troisième Série. — Sophocle. — Shakespeare. — Villon. — Scarron. — Corneille. — Molière. — Beaumarchais. — Favard. — Poinsinet. — Casimir Delavigne. — Ernest Legouvé. — Camille Doucet. — Alexandre Dumas père. — Alexandre Dumas fils. — Meilhac et Halévy. — Pailleron. — Halévy. — Aubanel. — Richepin. — Henry Becque. — Théâtre Japonais, etc. etc.

Un joli vol. in-18 jésus, broché. **3 50** — Le même, sur papier vergé. **7** »

Quatrième Série. — Eschyle. — Molière. — Racine. — Marivaux. Théâtre libre ancien. — Alexandre Dumas. — George Sand. — Théodore Barrière. — Emile Augier. — Alexandre Dumas fils. — Auguste Vacquerie. — Edmond et Jules de Goncourt. — Dostoïewsky. — Ostrowsky. — Meilhac et Halévy. — Meilhac et Ganderax. — Théâtre libre. — Théâtre des marionettes.

Un joli vol. in-18 jésus, broché. **3 50** — Le même, sur papier vergé. **7** »

Cinquième Série. — Ibsen. — Ostrowsky. — Pisemsky. — Marlowe. — Corneille. — Florian. — Emile Augier. — Dumas fils. — Meilhac et Halévy. — Manuel. — Edouard Grenier. — Jules Barbier. — Henri de Bornier. — Maurice Bouchor. — G. Ancey. — Stanislas Rzewusk. — Catulle Mendès. — Anatole France. — Henri Céard, etc.

Un joli vol. in-18 jésus, broché. **3 50** — Le même, sur papier vergé. **7** »

Chaque volume se vend séparément.

www.ingramcontent.com/pod-product-compliance
Ingram Content Group UK Ltd.
Pitfield, Milton Keynes, MK11 3LW, UK
UKHW021051150726
13693UKWH00007B/299